RÍO
INSÓLITA Y SECRETA

Manoel de Almeida e Silva, Marcio Roiter y Thomas Jonglez

T0169379

JonGlez

Manoel de Almeida e Silva

Manoel de Almeida e Silva nació en el tradicional barrio de Gamboa y creció en la zona norte, en Engenho Velho, un nombre hoy olvidado que designaba al barrio de Tijuca y sus alrededores. Periodista y experto en educación, vivió en muchos países durante los 28 años que trabajó en la ONU. Hoy Manoel vive a tiempo completo en Copacabana. Al trabajar para esta guía, ha revivido recuerdos personales que, unidos a sus investigaciones y a las sugerencias de sus amigos, tan enamorados como él de la diversidad carioca, han ayudado a ampliar la geografía turística de la ciudad.

Márcio Alves Roiter

Fundador del Instituto Art Déco Brasil (2005), Márcio Alves Roiter es autor de las publicaciones *Rio de Janeiro art déco* (Casa da Palavra, 2011), *Art nouveau e art déco, estilos de sedução* (Espaço Cultural Península, 2013) y *Um passeio na história: 1868 a 2010* (con Cynthia García, Arezzo 2010). Ganador del Premio de la Cultura del Estado de Río de Janeiro, ha organizado varias exposiciones en Brasil y en Francia, creó el XI Congreso Internacional de Art Déco en Río en 2011 y es asesor en obras de restauración de muchos edificios *art déco*. También participó como ponente en los congresos internacionales de *art déco* de Nueva York (2005), Melbourne (2007) y Montreal (2009).

Bruno Frederick Toussaint Pereira

Investigador especializado en arquitectura y urbanismo de Río de Janeiro, Bruno participó en las investigaciones de los libros *A construção do Rio de Janeiro moderno*, sobre el arquitecto francés Joseph Gire, y *Os monumentos do Rio de Janeiro – Inventário 2015*, editado por el Ayuntamiento de Río de Janeiro.

Pedro da Cunha e Menezes

Pedro da Cunha e Menezes es diplomático y alpinista. Ha trabajado en Perú, Australia, Kenia, Portugal, Sudáfrica, Albania y Zimbabue. También trabajó en la Secretaría de Medio Ambiente del Ayuntamiento de Río de Janeiro y fue director del Parque Nacional de Tijuca. Durante dos años, fue el representante adjunto de Brasil en el Programa de las Naciones Unidas para el Medio Ambiente. Desde que nació, ha recorrido más de 20 000 km de senderos en aproximadamente 500 parques nacionales de 120 países.

Carlos Fernando Andrade

Arquitecto y urbanista, se licenció en 1976 por la Facultad de Arquitectura y Urbanismo de la Universidad Federal de Río de Janeiro, donde estudió su máster (1998) y su doctorado (2009) en Urbanismo. Carlos Fernando ha ocupado varios puestos en la Administración, como director de Obras Públicas, subsecretario de Estado de Planificación y presidente para el Estado de Río de Janeiro del Instituto de Patrimonio Histórico y Artístico Nacional (IPHAN – 2011). También fue editor de la revista *Chão* (1978-1989). En 2009, recibió la medalla Pedro Ernesto, otorgada por el Consejo Municipal de Río de Janeiro y, también en 2009, el galardón de Profesional del Año, concedido por el departamento de Río de Janeiro del Instituto de Arquitectos de Brasil.

Ha sido un verdadero placer para nosotros elaborar la guía *Río insólita y secreta* y esperamos que, al igual que a nosotros, le sirva de ayuda para seguir descubriendo aspectos insólitos, secretos o aún desconocidos de la ciudad. La descripción de algunos de los lugares se acompaña de unos recuadros temáticos que mencionan aspectos históricos o cuentan anécdotas, permitiendo así entender la ciudad en toda su complejidad.

Río insólita y secreta señala los numerosos detalles de muchos de los lugares que frecuentamos a diario y en los que no nos solemos fijar. Son una invitación a observar con mayor atención el paisaje urbano y, de una forma más general, un medio para que descubran nuestra ciudad con la misma curiosidad y ganas con que viajan a otros lugares…

Cualquier comentario sobre la guía o información sobre lugares no mencionados en la misma serán bienvenidos. Nos permitirá completar las futuras ediciones de esta guía.

No duden en escribirnos:
• Editorial Jonglez, 17, boulevard du roi, 78000 Versailles, Francia
• E-mail : info@editorialjonglez.com

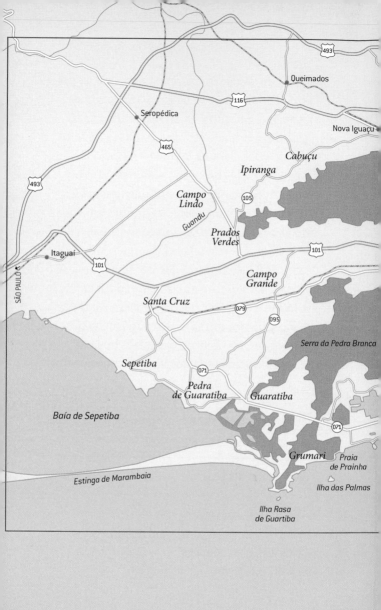

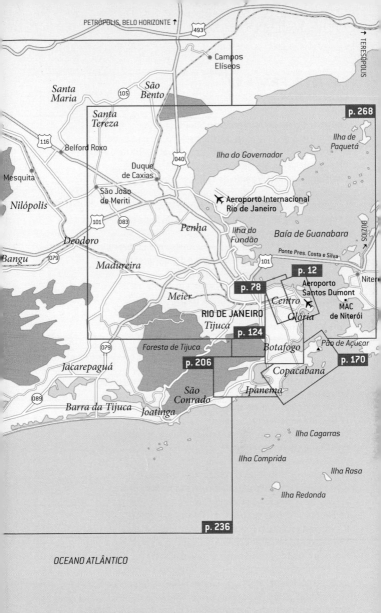

PETRÓPOLIS, BELO HORIZONTE ↑

493

p. 268

p. 12

p. 78

p. 124

p. 206

p. 170

p. 236

TERESÓPOLIS

Campos
Elíseos

Santa
Maria

São
Bento

105

Santa
Tereza

116

Belford Roxo

Ilha de
Paquetá

Duque
de Caxias

040

Ilha do Governador

Mesquita

São João
de Meriti

Nilópolis

Aeroporto Internacional
Rio de Janeiro

BÚZIOS →

101

083

Penha

Ilha do
Fundão

Baía de Guanabara

Deodoro

Ponte Pres. Costa e Silva

Bangu

079

101

Niteró

Madureira

Aeroporto
Santos Dumont

Meier

Centro

MAC
de Niterói

RIO DE JANEIRO

Gloria

Tijuca

079

Pão de Açucar

Foresta de Tijuca

Botafogo

Jacarepaguá

Copacabana

São
Conrado

Ipanema

089

Barra da Tijuca

Joatinga

Ilha Cagarras

Ilha Comprida

Ilha Rasa

Ilha Redonda

OCEANO ATLÂNTICO

N

0   5   10 km

ÍNDICE GENERAL

LAPA, CENTRO, GAMBOA, SAÚDE

BOTAFOGO - FLAMENGO - LARANJEIRAS - CATETE GLORIA - STA TERESA

ÍNDICE GENERAL

TIJUCA - SÃO CRISTÓVÃO - ZONA NORTE

Museu de Amanhã

Museu de Arte do Rio

Baía de Guanabara

Pier
Mauá

SAÚDE

PRAÇA
MAUÁ

PRAÇA
MAJOR
VALO

Av. Rodrigues Alves

Cais do Porto

Av. Venezuela

Av. Cabral

Av. Mar. Floriano

Rua Acre

Rua Dom Gerardo

Av. Rio Branco

R. V. de Inhaúma

Rua

Amado Luz

Ilha das Cobras

❶

PRAÇA
D'ARMAS

❷

*Ilha
Fiscal*

PRAÇA BARÃO
DE LADÁRIO

❸

PRAÇA
PIO X

❹

Igreja
Candelária

Av. Pres. Vargas

Uruguaiana

Rua da Alfandega

❺

❻-❼

Rua do Rosário

R. Buenos Aires

R. Buenos Aires

Rua da Quitanda

Rua Primeiro de Março

❽

Igreja do Carmo

❺⑦

LARGO
SÃO FR. DE
PAULA

⑫

❾

LARGO
DO PAÇO

⑩

Estação das Barcas

CENTRO

Rua Sete de Setembro

Rua da Assembléia

⑪

PRAÇA
QUINZE DE
NOVEMBRO

Rua da Carioca

⑮

⑭

⑬

Rua San José

PRAÇA
M. JONES

PRAÇA
MERCADO
MUNICIPAL

LARGO
DA CARIOCA

Av. Nilo Peçanha

PRAÇA
RUI BARBOSA

Carioca

Av. República do Chile

Av. Alm. Barroso

Av. República do Chile

⑰

Rua Senador Dantas

Av. Rio Branco

Rua México

R.Araújo Porto Alegre

㉕-㉖

PRAÇA DO
EXPEDICIONÁRIO

㉛-㉛

㉗

㉜

Museu Histórico Nacional

PRAÇA
ANTENOR
FAGUNDES

R. E. da Veiga

⑯

⑲

㉔

㉓

Rua Santa Luzia

Av. Gen. Justo

Cinelândia

㉒-㉑

Rua Santa Luzia

㉒

Av. Fr. Roosevelt

Av. Mar. Câmara

LAPA

Av. Pres. Vilson

PRAÇA
FLORIANO

⑱

Av. Beira Mar

PRAÇA
MONROE

PRAÇA
ITÁLIA

PRAÇA
VINTE E DOIS
DE ABRIL

Aeroporto Santos Dumont

LARGO
DA LAPA

Parque
Passeio
Público

PRAÇA
DEODORO

PRAÇA
SENADOR
CLÓVIS
SALGADO
FILHO

Rua da Lapa

Rua do Passeio

Rua Teixeira
de Freitas

Av. Infante Dom Henrique

Rua Jardel Jércolis

Av. Alm. Silvio de Noronha

Museu de
Arte Moderna

PRAÇA
PARIS

PRAÇA
PISTÓIA

Av. Beira Mar

Enseada da Glória

㉝

Escola Naval

DA
GLÓRIA

Ⓜ Glória

GLÓRIA

PRAÇA
LUIZ DE
CAMÕES

Av. Infante Dom Henrique

Av. Beira Mar

*Ilha de
Villegaignon*

Baía de Guanabara

0   200   400 m

N

CASTELO
PRAÇA XV

LA HISTÓRICA CELDA DE TIRADENTES

Hospital militar de la isla de las Cobras
Centro
• Abre, previa solicitud, de lunes a viernes de 9 a 13 h
• Acceso: al final de la Rua Primeiro de Março (a la izquierda del túnel Rio 450), entrar andando en la zona militar hasta el puente Arnaldo Luz. Tomar el ascensor del Hospital Central da Marinha. La entrada del hospital está enfrente de la salida del ascensor.

L a celda de Tiradentes es probablemente uno de los mayores secretos históricos de la ciudad de Río. Y sin embargo, no hay nada, absolutamente nada, que indique que siga existiendo dentro del hospital militar de la isla de las Cobras.

> *Uno de los lugares históricos más importantes y desconocidos de Brasil*

De lunes a viernes, por la mañana, basta con presentarse delante de la entrada del hospital y pedir visitar la celda donde Tiradentes permaneció encerrado antes de ser trasladado a la prisión pública de la ciudad (la Cadeia Velha), cerca de la actual sede de la Asamblea Legislativa de Río de Janeiro. De esta prisión, demolida en 1922, salió Tiradentes, nacido en 1746, para ser ejecutado en la actual Praça Tiradentes (antiguo Campo da Lampadosa). Fue colgado y descuartizado. Su cabeza fue expuesta en un poste de la plaza central de Vila Rica (actual Ouro Preto) y sus restos, dispersados en Cebolas, Varginha do Lourenço, Barbacena y Queluz, ciudades en las que pronunció discursos incitando a la revuelta.

Considerado uno de los líderes de la Inconfidência Mineira (ver p. 87), Tiradentes fue encarcelado el 10 de mayo de 1789 en la Rua dos Latoeiros (hoy llamada Gonçalves Dias), mientras difundía la idea, entonces revolucionaria, de la independencia de Brasil.

También se puede visitar la celda de otros tres miembros de la Inconfiência Mineira. Se encuentra dentro de la fortaleza del Morro de la Conceição (ver p.87).

MUSEO DE LOS FUSILEROS NAVALES ❷

Ilha das Cobras
Centro
- Abierto de martes a viernes de 9.30 a 16.30 h aproximadamente y el último fin de semana del mes de 13 a 15 h (en cuyo caso el traslado se hace en el autobús militar del museo naval, cerca de la Praça XV)
- Se aconseja confirmar la visita por teléfono: (21) 2126-5053
- Visita guiada
- Acceso: al final de la Rua Primeiro de Março (a la izquierda del túnel Rio 45), entrar andando a la zona militar hasta el puente Arnaldo Luz. Tomar el ascensor del Hospital Central da Marinha, luego seguir por la única calle a la derecha que baja y luego gira a la izquierda. Tras bordear la prisión, la entrada está a la izquierda
- No se permite calzar chanclas. Llevar pasaporte o carné de identidad

> ### Sí,
> ### ¡se puede visitar
> ### la isla
> ### de las Cobras!

Contrariamente a lo que se podría pensar, se puede entrar oficialmente en la isla de las Cobras, sede de la Marina brasileña.

Sin necesidad de solicitar autorización, basta con cruzar el único puente que da acceso a la isla y subir por las escaleras (o por el imponente ascensor) hacia la cima de la isla para ser recompensado con unas vistas insólitas sobre toda la isla y la ciudad.

Siguiendo por la única carretera, se llega en 3 minutos andando al Museo de los Fusileros Navales (Museo do Corpo de Fuzileiros Navais), pretexto oficial de la visita a la isla.

Ubicado en el sitio histórico del fuerte de São José da Ilha das Cobras, el museo representa la ocasión de visitar un lugar ocupado por los fusileros navales desde 1809 y el fin de la campaña de Cayena contra los franceses en la Guayana Francesa. Desde su llegada a Brasil, el rey João VI había decidido efectivamente castigar a los franceses por haber invadido Portugal tomando posesión de la Guayana Francesa, escenario de violentos combates antes de la victoria brasileña en enero de 1809.

La Brigada Real da Marinha (Brigada Real de la Marina), que llegó a Brasil en 1808 con la corte real de Portugal, se convirtió en el Cuerpo de los Fusileros Navales (Corpo de Fuzileiros Navais).

El interés principal del museo, aparte de los distintos objetos ligados a los fusileros navales, es la visita de varios subterráneos (de los cuales uno mide casi 200 m de largo) que datan de la época colonial: fueron construidos por los portugueses para asegurar los desplazamientos dentro de una isla que ocupaba una posición estratégica por el control de la bahía de Guanabara.

Observe también el monumento a los fusileros navales caídos en combate: está cubierto por un tejado en el que está representado el cielo del 7 de marzo de 1808, fecha de la llegada de João VI a Río. El cielo está compuesto de 162 estrellas: cada estrella corresponde a 10 de los 1622 fusileros navales que murieron en combate.

CENTRO CULTURAL DEL MOVIMIENTO SCOUT ❸

Rua Primeiro de Março, 112, Centro
• Tel.: (21) 2233-9338
• Abierto de lunes a viernes de 10 a 17 h
• Metro: Uruguaiana

Un pequeño museo del escultismo

Totalmente olvidado en la Rua Primeiro de Março, no muy lejos de la Candelaria, el Centro Cultural del Movimiento Scout (Centro Cultural do Movimento Escoteiro) es una especie de museo pequeño del escultismo brasileño. En sus dos plantas, se aprende que el escultismo apareció en Brasil en 1910 gracias a la labor de Amelio de Azevedo Marque; se pueden admirar preciosos carteles antiguos y distintos objetos ligados a este movimiento creado por Robert Baden Powell en 1907.

La creación del escultismo se originó durante el sitio de Mafeking en Sudáfrica (Segunda Guerra de los Bóers de 1899 a 1902) en el que Baden-Powell, que era oficial, consiguió salvar la ciudad que estaba asediada desde hacía más de 7 meses por el ejército enemigo, cuatro veces mayor. Baden-Powell usó a los jóvenes de la ciudad como mensajeros, observadores, centinelas y exploradores (scouts).

LAS PINTURAS DE LA IGLESIA DE NOSSA SENHORA DA CANDELÁRIA ❹

Praça Pio X, s/n - Centro
- Tel. : (21) 2233-2324
- De lunes a viernes de 7.30 a 15.50 h. Sábados de 9 a 12 h
- Domingos de 9 a 13 h
- Metro: Uruguaiana (salida "Presidente Vargas")

Una tempestad, el origen de una iglesia

Las seis magníficas pinturas del techo de la nave central de la iglesia de Nossa Senhora da Candelária, inaugurada en 1811 (pero terminada a finales del siglo XIX), pasan muy a menudo desapercibidas. Pintadas durante los últimos veinte años del siglo XIX, representan la historia olvidada de la fundación de la iglesia, en el siglo XVII: el matrimonio formado por Antonio Martins Palma y Leonor Gonçalves viajaba de Europa a Río de Janeiro a bordo del navío Candelária, que fue azotado por una terrible tempestad. Temiendo por su vida, hicieron la promesa a Nuestra Señora de la Candelaria de construir una capilla en su honor si se salvaban. Llegados sanos y salvos a Río, cumplieron su promesa y mandaron construir una capilla, donde hoy se alza la iglesia de la Candelária.

Las seis pinturas del techo de la nave, que ocupan el espacio desde la entrada hasta la cúpula, muestran el viaje de los fundadores, la terrible tempestad y la consagración de la pequeña iglesia original. No son pues de inspiración bíblica, contrariamente a las otras pinturas de la iglesia. Las pinturas fueron realizadas por João Zeferino da Costa (1849-1916), pintor y profesor de la Academia Imperial de Bellas Artes (ver p. 214), y son consideradas su obra maestra.

Tomando como referencia la avenida Presidente Vargas, algunos piensan que la iglesia se construyó de espaldas a la ciudad. En realidad, y como era costumbre en la época colonial, estaba simplemente situada frente a la bahía de Guanabara, la entrada principal de la ciudad. Durante las recientes obras que revitalizaron el puerto de Río de Janeiro, la relación geográfica con la bahía se volvió a poner de moda cuando se demolió la carretera elevada que se encontraba entre la iglesia y el mar.

EL BAJORRELIEVE DE LA ASOCIACIÓN COMERCIAL DE RÍO DE JANEIRO (ACRJ)

❺

Casa do Empresário
Rua Candélaria, 9
• www.acrj.org.br
• Tel.: (21) 2514-1229
• Abierto de lunes a viernes de 9 a 17 h
• Entrada gratuita
• Bus: 457, 456, 455, 306, 254

Las riquezas de Brasil esculpidas en la piedra

Paseando por el centro histórico de Río, es fácil no ver el precioso bajorrelieve del vestíbulo de la Asociación Comercial de Río de Janeiro (Casa do Empresário, Casa del Empresario), en la esquina de Candelária y Buenos Aires. Sin embargo, basta con entrar en el edificio en horarios de oficina para admirar esta obra denominada *Las riquezas de Brasil*, de doce metros de largo y siete de alto, esculpida por el artista francés Albert Freyhoffer. En el centro reina la imponente imagen de Mercurio, dios romano del comercio, sobre una base en la que figura el lema de la bandera brasileña "Orden y progreso". El bajorrelieve evoca las actividades productivas y comerciales, ofreciendo un lugar especialmente exuberante a la flora y fauna tropicales.

El edificio, también conocido con el nombre de Palacio del Comercio, fue inaugurado en mayo de 1940. Es un edificio de quince plantas con tres terrazas con vistas a la bahía de Guanabara, diseñado por los arquitectos Henri Sajous y Auguste Rendu.

Antes de tener su propia sede en 1940, la Asociación Comercial de Río de Janeiro conoció otras seis sedes temporales. Un año después de la llegada de la familia real portuguesa, en 1809, el príncipe regente D. João manifestó su voluntad de construir la Praça do Comercio (plaza del Comercio), donde "los comerciantes pudieran reunirse, realizar sus transacciones y tratar sus asuntos comerciales". En 1820, la Praça do Comercio se inauguró donde hoy se encuentra la llamada Casa França-Brasil (Casa Francia-Brasil), cerca de su sede definitiva. En 1834, el lugar tomó el nombre de Sociedad de los Signatarios, antes de adoptar al fin el de Asociación Comercial de Río de Janeiro en 1867.

Además de la reproducción del escudo de la asociación en el mismo vestíbulo, Freyoffer realizó otro bajorrelieve (2, 98 m de ancho por 3, 47 m de alto) en la terraza del edificio, con el dios Mercurio en primer plano, rodeado por dos musas. No está permitido a los visitantes acceder a la terraza ni a esta obra. No obstante se puede ir al restaurante de la planta 13 para admirar las preciosas vistas sobre la bahía de Guanabara.

EL CRISTO DE LA IGLESIA DE SANTA CRUZ DOS MILITARES ❻

Rua Primeiro de Março, s/n – Centro
• Tel.: (21) 2509-3878
• Abierto de lunes a viernes de 9 a 15.30 h. Sábados de 9 a 13.30 h

Un Cristo milagroso

En la iglesia rococó de Santa Cruz dos Militares, consagrada en 1811, hay una escultura detrás del altar mayor. Aunque, curiosamente, no se facilita información al visitante, este Cristo resulta ser milagroso, como lo cuenta Augusto Mauricio en su libro *Templos Históricos do Rio de Janeiro*, de 1845: "*En un momento dado, el obrero portugués Augusto Frederico Corrêa, viendo sobre el altar una imagen de Cristo muerto, le faltó al respeto y la insultó. Reprendido por sus compañeros de trabajo, les respondió que no temía a Dios y que "esa cosa" no era más que un trozo de madera sin mayor importancia. Solo creería en la existencia de Cristo si este le matase a las tres de la tarde de aquel día. El trabajo prosiguió y nadie más pensó en lo sucedido. Cuando el reloj daba justamente las tres, se oyó en el templo un grito lacerante. El obrero se desplomó en el suelo, enfrente del altar de Nuestra Señora de los Dolores (Nossa Senhora das Dores), retorciéndose con terribles convulsiones. Le llevaron a su casa, situada en Rua do Senado, 48, donde permaneció inconsciente durante tres días. El 1 de agosto,*

fue hallado totalmente recuperado, abrazando una imagen de la Virgen de los Dolores. Se divulgó la noticia por toda la ciudad y el obispo Dom Manoel do Monte Rodrigues de Araújo acudió el día 12 del mismo mes al lugar del delito donde entonaron oraciones en desagravio por la ofensa cometida a la estatua de Cristo. Augusto Frederico Corrêa, de rodillas, pidió perdón por su ofensa, manifestando su fe y su arrepentimiento".

Hoy en día, la ceremonia del perdón del Cristo muerto se celebra todos los 29 de julio, en honor al Cristo de la iglesia. Ese día, se coloca la escultura al lado del altar mayor.

La hermandad de Santa Cruz dos Militares (Santa Cruz de los Militares) es la guardiana de numerosas reliquias de la guerra de Paraguay que donó el duque de Caxias, que había sido el comandante en jefe. Según la hermandad, existen otras muchas historias de milagros y fantasmas. Durante la construcción de la actual iglesia, se conservaron los restos óseos del antiguo cementerio en cajones, lo que explicaría que a veces se oiga a mariscales y generales fallecidos deambular por los pasillos de la iglesia. Aparte de los ruidos de pasos y voces, muchos también afirman que el órgano de la iglesia tocaba solo. En 1923, se declaró un incendio sin causa aparente en el altar mayor y se propagó rápidamente, dejando presagiar un gran desastre. Milagrosamente, el fuego se apagó a los pies de la estatua de Nuestra Senhora da Piedade (Nuestra Señora de la Piedad).

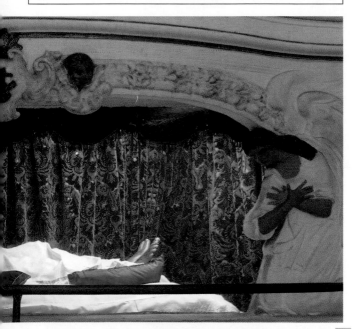

LOS SÍMBOLOS DE LA PASIÓN ❼
DE LA IGLESIA DE SANTA CRUZ DOS MILITARES

Rua Primeiro de Março, s/n – Centro
• Tel.: (21) 2509-3878
• De lunes a viernes de 9 a 15.30 h. Sábados de 9 a 13.30 h

Una insólita representación de los símbolos de la Pasión de Cristo

Es relativamente fácil visitar la preciosa iglesia de Santa Cruz dos Militares sin percatarse de que el coro de la iglesia alberga bajorrelieves poco comunes y muy bonitos de los instrumentos de la Pasión de Cristo. De este modo se ven, en los dos paneles laterales del coro: la inscripción INRI ("Jesús de Nazaret, rey de los judíos"), la corona de espinas, la espada con la que Pedro cortó la oreja de Malco así como la linterna que permitió que este último reconociese a Cristo en el Jardín de los Olivos, la copa que contenía la sangre de Cristo (lo que luego será el Santo Grial), la túnica que los soldados romanos sortearon con un dado, la cuerda con la que se izó a Cristo, la lanza del centurión Longinos que atravesó el costado de Cristo (ver del mismo editor la guía *Roma insólita y secreta*), la jarra que contenía el vinagre con el que humedecieron sus labios, el martillo para clavar los clavos y las tenazas para arrancarlos, la escalera para el descendimiento de la cruz, el pilar al que ataron a Cristo para la flagelación, el gallo que traicionó a Pedro, la larga caña con su esponja empapada en hiel y el flagelo, los tres clavos, así como la bolsa con las monedas de la traición de Judas.

Entre los instrumentos representados con más frecuencia en el mundo, solo faltan la mano que a veces simboliza el lavado de manos de Poncio Pilatos, un cráneo que recuerda el lugar del suplicio, el monte Gólgota (en arameo *gulgota* significa "cráneo") y un sol que recuerda que cuando Cristo murió se habría producido un eclipse de sol que duró tres horas.

EL VELO DE LA VERÓNICA, UNA RELIQUIA EXTRAORDINARIA Y DESCONOCIDA

Sobre el muro de la entrada del coro, para completar los instrumentos, se ve una representación del rostro de Cristo que no llama especialmente la atención. Se trata sin embargo de una representación del velo de la Verónica, una extraordinaria y desconocida reliquia de Cristo (ver siguiente página).

Sobre la puerta de entrada, en el exterior, la inscripción "indulgencia plenaria quotidiana" recuerda que, desde el 15 de abril de 1923, según un singular privilegio, las indulgencias concedidas en San Pedro de Roma en Italia también son concedidas a quien venga a rezar a la iglesia de Santa Cruz dos Militares.

Las puertas de madera de la iglesia albergan los instrumentos principales de la Pasión: el martillo y las tenazas así como la corona de espinas y los tres clavos.

LA EXTRAORDINARIA EPOPEYA DEL VELO DE VERÓNICA

En numerosas iglesias existen representaciones —a menudo muy discretas para quien no conoce la leyenda— de un velo con el rostro de Cristo impreso. El origen de esta imagen se encuentra en los evangelios de San Marcos (5, 25-34), San Mateo (9, 20-22) y San Lucas (8, 43-48) que nos relatan la historia de una hemorroísa (mujer que padece flujo de sangre) que fue curada por Jesús. En torno al año 400, el arzobispo de Lidia la llamó Berenike, poco antes de que el evangelio apócrifo de Nicodemo le diera, finalmente, el nombre de Verónica. Si bien Verónica parece provenir de *vero* e *icona*, que significa «icono verdadero», el personaje de Verónica se fue inventando progresivamente hasta que, poco a poco, quedó distanciado del personaje de la hemorroísa.

En el siglo VII, otro texto apócrifo, Muerte de Pilatos, habla de Verónica como de una confidente de Jesús, el cual le habría entregado el velo con su rostro impreso.

Hacia 1160, Petrus Mallius, canónigo de San Pedro de Roma, formuló la hipótesis de que esta leyenda había nacido cuando, de camino a Gólgota, una mujer se habría quitado el velo para secarle el rostro a Cristo, quedando la imagen de este impresa de forma milagrosa. Esta hipótesis se fue afianzando hasta que, con el tiempo, terminó imponiéndose como la verdadera historia de esta extraña y misteriosa imagen aquiropoieta.

Según esta leyenda, el velo de Verónica habría sido ubicado en San Pedro de Roma en 1287, aunque el papa Clemente III (1191-1198) ya hablaba de un sudario que podría ser el de Verónica. El velo habría sido vendido, en 1527, durante el saqueo de Roma pero, como frecuentemente ocurre con las reliquias, reapareció rápidamente y, en el siglo XVIII, se localiza en la zona de las reliquias, a pesar de que algunos pretendieron que el rostro impreso sobre el velo era el de un campesino llamado Manopello.

Otras iglesias de Milán o Jaén (España) pretenden asimismo tener el verdadero velo de Verónica.

EL OBÚS DE LA IGLESIA DE NOSSA SENHORA ❽ DA LAPA DOS MERCADORES

Sacristía de la iglesia de Nossa Senhora da Lapa dos Mercadores
Rua do Ouvidor, 35
• Tel.: (21) 2509-2339
• Abierto de lunes a viernes de 8 a 14 h
• Metro: Uruguaiana

**La estatua
abatida
por un obús**

En la sacristía de la iglesia de Nossa Senhora da Lapa dos Mercadores, causa sorpresa ver un obús incrustado en el muro.

En 1893, durante la Revuelta de la Armada contra el gobierno, un obús lanzado por el acorazado Aquidabão alcanzó la torre de la iglesia y abatió la estatua que ahora se encuentra en la sacristía, junto al obús. A pesar de caer a más de 25 metros de altura, sufrió poco: solo se rompieron unos dedos de la mano izquierda y un trozo de la base, la cual ha sido restaurada.

Muchos consideraron este episodio como un verdadero milagro y algunos de ellos siguen yendo hoy a la iglesia para rezar y hacer peticiones inspirándose en este acontecimiento.

El culto de Nossa Senhora da Lapa se atribuye a lo que también se considera un milagro que tuvo lugar en Portugal durante la ocupación musulmana de la Península Ibérica. Según la leyenda los religiosos de un convento de Quintela, asustados por los moros, huyeron y escondieron una representación de Nuestra Señora en una pequeña cueva (*lapa* en portugués). Años más tarde, una joven muda recuperó el habla cuando descubrió la estatua escondida. Se construyó una capilla en este lugar y así fue como nació el culto de Nossa Senhora da Lapa.

En Río de Janeiro, en 1747, unos pequeños comerciantes que rendían culto a la santa en un oratorio situado en Rua dos Mercadores mandaron construir una iglesia. Las obras duraron hasta 1771, pero no fue hasta 1812, con la demolición del oratorio original, cuando la estatua de Nossa Senhora da Lapa fue trasladada a la nueva iglesia. Esta, con su forma actual, es el resultado de la gran reforma de 1870 que la transformó en un modelo de armoniosa mezcla de elementos barrocos y neoclásicos. Fue en esa época cuando añadieron una torre a la iglesia, así como la escultura que sufriría daños poco después. La torre fue reconstruida en 1895 y en ella se instaló el primer carillón de la ciudad.

La Rua do Ouvidor ya existía en 1578, con el nombre de Desvio do Mar. Desde entonces, ha tenido más de veinte nombres. El actual data de 1745, cuando en este lugar trabajaba un *ouvidor* (mediador), que tenía como labor escuchar (*ouvir*, en portugués) las quejas de la población y transmitirlas al rey.

ESTATUA DE SANTA EMERENCIA ❾

Iglesia del Carmo
Rua Primeiro de Março, s/n
• www.igrejanscarmorj.com.br
• Tel.: (21) 2242-4828
• De lunes a viernes de 8 a 16 h. Sábados de 8 a 11 h

Una insólita representación de la bisabuela de Jesús

A la derecha del coro de la magnífica iglesia del Carmo, hay una discreta estatua que no llama forzosamente la atención. Esculpida por un artista anónimo del siglo XVIII, es sin embargo una insólita representación de santa Emerencia, la bisabuela de Jesús, según los escritos apócrifos. Cuidado, no debe confundirse con santa Emerenciana, mártir del siglo IV d. C.

La santa sostiene en su brazo derecho a santa Ana, hija suya y madre de la Virgen María, a la que sostiene a su vez en su brazo izquierdo. María lleva a Jesús en sus brazos.

La figura de Santa Ana es ligeramente más grande que la de María: tal vez para indicar su ancianidad con respecto a su hija. Las ricas vestimentas de los distintos personajes recuerdan su origen noble y sagrado.

En la iglesia de Santa Ana de Auray, en Bretaña, una vidriera representa a santa Emerencia.

¿DE DÓNDE VIENE LA INFORMACIÓN SOBRE SANTA EMERENCIA?

La mayoría de la información que tenemos sobre santa Emerencia, a la que no se menciona en la Biblia, proviene de varias fuentes: de las visiones místicas de santa Coleta de Corbie (1381-1447), Ana Catalina Emmerick (1774-1824) y María Valtorta (1897-1961), así como de los libros *Le Culte de sainte Anne en Occident* de Paul-Victor Charland, publicado en 1920, y *La vie et les gloires de sainte Anne, tirées d'auteurs anciens et modernes* (solo en francés).

Cabe observar que Ana, al igual que Joaquín, padres de la Virgen María, tampoco aparecen en los evangelios canónicos: se les menciona por primera vez en el *Protoevangelio de Santiago*, un evangelio apócrifo del siglo II d. C. San Cirilo de Alejandría, en el siglo V, retoma estas informaciones antes de que, en el siglo XIII, *La leyenda dorada* de Santiago de la Vorágine hable de una hermana de Ana que se llamaría Ismeria y sería la madre de Isabel y la abuela de san Juan Bautista.

Según las distintas fuentes, Emerencia nació en el pueblo de Séfora, en el norte del monte Carmelo a donde solía ir y reunirse con los discípulos de los profetas Elías y Eliseo. Fue también en el monte Carmelo donde el profeta Elías edificó un oratorio dedicado a la Virgen que debía dar a luz. De entre los discípulos, un tal Arcos, con quien Emerencia discurría sobre los misterios de la fe, le profetizó que iba a casarse y a engendrar a la que debía dar a luz a Jesucristo. A los 18 años de edad, se casó con un tal Estelano, de sangre real, que le dio una hija a la que Emerencia llamó Ismeria. Cuando esta cumplió 15 años, se casó con Eliud y tuvo una hija a la que llamaron Isabel, que se convirtió en la esposa del sumo sacerdote Zacarías y en la madre de san Juan Bautista. Ismeria dio a luz a un segundo hijo de nombre Emin, que tuvo entre sus descendientes a san Servacio, primer obispo de Tongeren.

Los años pasaron y no fue hasta una edad avanzada cuando Emerencia y Estelano vieron cumplirse la profecía de Arcos. Un día, durante una visión mística, vieron junto a su lecho unas letras doradas que formaban el nombre de Ana, que nació poco tiempo después.

LOS ZAPATOS DE LA ESTATUA ECUESTRE DEL GENERAL OSÓRIO 🔟

Praça XV, Centro
• Metro: Carioca

¿Por qué la estatua no tiene botas?

Hay que poner especial atención para darse cuenta de que la gran estatua ecuestre del General Osório (ver más abajo), en el centro de la Praça XV, representa al general sin sus botas tradicionales, con unos simples zapatos de ciudad. Hay una explicación a este aparente "error".

Tras llevar a cabo sus investigaciones para realizar esta obra, el escultor Rodolfo Bernardelli eligió la indumentaria y los objetos adaptados a la situación: el uniforme y las botas de equitación. Al terminar el modelo, que hoy se encuentra en el Museo Histórico (en la reserva técnica, no expuesta al público), Bernardelli lo mostró a la hija de Osório, quien explicó que su padre ya no usaba botas desde 1866: durante la batalla de Passo da Pátria, bajo una torrencial lluvia que duró 24 horas, las piernas del general se hincharon, impidiéndole sacarse las botas llenas de agua. Ordenó entonces que las cortasen para poder volver al combate. Ganó la batalla pero sufrió una inflamación en las piernas que le prohibió llevar botas el resto de su vida. Tras escuchar a la hija de Osório, Bernardelli decidió ser fiel a la realidad histórica y representó al general con zapatos de ciudad y no con botas de equitación.

Inaugurado bajo la República, el monumento-homenaje a un general del Imperio tuvo buena acogida porque Osório era muy apreciado por la población. Esta, de hecho, participó en la financiación de la obra y unas 40 000 personas asistieron a la ceremonia de inauguración, el 12 de noviembre de 1894.

La batalla del Passo da Pátria y la famosa batalla de Tuiuti, grandes victorias de Osório, están representadas en dos bajorrelieves, en los laterales de la base de la estatua. Esta, de 8 metros de alto y 5 700 kg de peso, se fundió en los Ateliers Thibaut en París, en 1892, en el bronce de los cañones requisados a los paraguayos.

General, diputado, senador, barón, conde y marqués de Herval, Manuel Luís Osório nació en Rio Grande do Sul en 1808. Héroe de la Guerra de Paraguay (1864-1870), murió en Río de Janeiro en 1879, en su casa situada en la actual calle Riachuelo, en el número 303. Su última casa fue transformada en museo en 1983 y la Academia Brasileña de Filosofía tiene su sede en ella. Inscrita en el patrimonio histórico, la casa está revestida de azulejos portugueses.

EL SECRETO DE LA IGLESIA DE SÃO JOSÉ ⓫

Av. Presidente Antônio Carlos, s/n – Centro
- Tel.: (21) 2533-4545
- Abierto de lunes a viernes de 8 a 12 h y de 12 a 17 h
- Domingos de 8.30 a 11 h

Santa
Sorpresa

Durante la semana, a la hora de la comida, se forman unas curiosas colas de fieles en la iglesia de São José (san José), a la derecha, al fondo del todo, en el coro. Uno a uno, y tras esperar pacientemente, desaparecen detrás de la mesa del altar y vuelven a aparecer instantes después. Se recomienda, después hacer la cola como todo el mundo, ir detrás del altar para admirarse y rezar ante una espectacular escultura que representa los últimos instantes de la vida de José, con María a la izquierda de un José tumbado, abatido y con el pelo cano, y Jesús a su derecha.

La fe demostrada por los creyentes así como la calidad y el realismo de la escultura hacen de este rápido momento (no hay que permanecer mucho tiempo delante de la obra, dada la cantidad de gente que espera detrás) un momento de intimidad y de intenso recogimiento.

Aunque el interior es el resultado de las últimas reformas de 1842, en un estilo rococó, el ermitaño Egas Muniz construyó la iglesia original aquí mismo en el siglo XVI. En 1659, para facilitar el acceso de los fieles y ahorrarles una subida agotadora hasta la catedral original situada sobre el morro del Castillo (Morro do Castelo), trasladaron las reliquias más sagradas de la ciudad. La iglesia de São José acogió las pilas bautismales, el tabernáculo y el santo patrón de la ciudad.

Las campanas de São José son famosas por su sonoridad, gracias a un carillón de 1883 que permite tocar muchas melodías.

EDIFICIO AL REY DE LOS MAGOS

Rua do Ouvidor, 116
• Metro: Carioca

> *Un edificio neoegipcio donde se fabricó el primer teléfono de Brasil*

Hubo un tiempo en que Río, para dar una imagen cosmopolita, adornaba sus calles con edificios eclécticos de varios "neoestilos": neorrománico, neogótico, neobarroco, neorrococó, neopersa, neoárabe o incluso neoegipcio.

En la esquina de la Avenida Rio Branco con la Rua do Ouvidor, hay en particular un edificio neoegipcio con, en el balcón de la segunda planta, dos estatuas de sirvientes egipcios sosteniendo ánforas de incienso. Las balaustradas están decoradas con escarabajos alados y la cuarta planta tiene balcones abovedados que se proyectan hacia el exterior del edificio, dando la impresión de salir hacia arriba.

Construido en el siglo XIX, antes de que Pereira Passos abriera la Avenida Rio Branco (1903-1905), este edificio albergaba la tienda Al rey de los magos, donde en 1877 se fabricó el primer teléfono de Brasil. De hecho, Río fue la primera ciudad fuera de Estados Unidos que disponía de esta tecnología.

Previamente, en 1876, el emperador Pedro II acudió a la Exposición Universal de Filadelfia que celebraba los cien años de la independencia de los Estados Unidos. El 25 de junio, un inventor escocés que no atraía a mucha gente despertó el interés del emperador: Alexander Graham Bell. El inventor le invitó a descubrir su invento y empezó a recitar a Shakespeare, lo que, según algunos historiadores, hizo que el monarca brasileño exclamara: "¡Dios mío! ¡Esto habla!".

El entusiasmo del emperador favoreció la rápida propagación de este adelanto científico por el país. Al año siguiente, en 1877, el local comercial Al rey de los magos, de la empresa Rodle & Chaves, obtuvo la concesión de la instalación de líneas telefónicas en la ciudad de Río de Janeiro.

En una publicación del mismo año, se descubre que la casa suministraba "fuegos artificiales indios", "megáfonos", "pararrayos", "telégrafos" y "preparados para matar ratas, cucarachas y todo tipo de insectos", además de artículos de magia y "collares eléctricos para los niños". En registros posteriores, la "Casa científica y original" anunciaba incluso sus "teléfonos". En mayo de 1878 nacía el semanario El Teléfono.

Representación de la diosa egipcia de la armonía cósmica Khepra, el escarabajo es el símbolo del renacimiento del alma. Se usaba normalmente como talismán.

Hay otro edificio neoegipcio, situado en los números 40/42 de la Rua Pedro Alves, en Santo Cristo (ver p. 81)

BAJORRELIEVE DE ORESTES ACQUARONE

Edificio Guinle
Avenida Rio Branco, 135, esquina con Rua Sete de Setembro
• Metro: Carioca

Modernidad en movimiento

El edificio Guinle (1928), situado en la animada Avenida Rio Branco, es uno de los edificios *art déco* de gran valor de Río de Janeiro. Además de las barandillas de acero con líneas en zigzag, su vestíbulo-galería presenta una oda a la "modernidad en movimiento". El estuco dorado del mostrador de recepción, firmado por Orestes Acquarone (1875-1952), celebra la rapidez mediante la representación de medios de transporte: automóvil, barco, locomotora…

Aunque los barcos y las locomotoras no sean inventos de este siglo, han alcanzado velocidades que nadie hubiese imaginado antaño. Si en 1900 un coche circulaba a 20 km/h, en 1930, podía alcanzar los 100 km/h. En 1900, la aviación era todavía una actividad peligrosa, Santos Dumont lo sabía bien…

Y aunque, en 1928, Europa y Brasil estaban conectados gracias al correo aéreo francés, en 1922, Sacadura Cabral y Gago Coutinho, ambos portugueses, habían hecho la travesía del Atlántico entre Lisboa y Río de Janeiro… De hecho dejaron sus nombres en calles de Río, en Gamboa y en Laranjeiras.

EL PRIMER RASCACIELOS DE LA AVENIDA RIO BRANCO

El edificio Guinle, un proyecto de Gusmão, Dourado y Baldassini, es el primer rascacielos de la Avenida Rio Branco. Marca el principio de la segunda generación de edificios de la antigua Avenida Central, propiedad de Eduardo Guinle. Nació después de la demolición del edificio construido por Junnuzzi & Irmão a principios de los años 1930, que había inaugurado la Avenida Central.

ORESTES ACQUARONE

Dibujante, grafista y escultor, Orestes Acquarone (Montevideo, 1875-1952) vivió unos años en Buenos Aires antes de mudarse a Río en 1922, donde colaboró en algunas publicaciones famosas de Río: *Ilustração Brasileira*, *O Malho* y *A Revista da Semana*.
A partir de 1926, se inició también en la escultura y expuso varias veces en el Salón Nacional de Bellas Artes de Río.

MEDALLÓN DE GONÇALVES DIAS (14)

Rua Gonçalves Dias, 40
• Metro: Carioca

> **El medallón del creador del célebre poema "Canción del exilio"**

A unos pasos de la célebre Confeitaria Colombo, la Galeria dos Empregados do Comércio luce frente a la entrada, en el lado derecho, encima de la tienda, un medallón donde aparecen el perfil y el nombre de Gonçalves Dias, que dio su nombre a la calle. Este vivía en la casa que había aquí antes.

Nacido en 1823 de un comerciante portugués y de una mestiza del norte de Brasil, en el estado del Maranhão, Gonçalves Dias cursó sus estudios de Derecho en Portugal donde se codeaba con grandes apellidos de la literatura portuguesa de la época: Almeida Garret, Alexandre Herculano y Feliciano del Castilho. A los 20 años de edad, sintiendo la nostalgia de su país, escribió su poema "Canção do Exílio" ("Canción del exilio"), sin duda el poema más conocido de la literatura brasileña.

Sobre el medallón, la rama de palmera y la paloma evocan estos versos:
Mi tierra tiene palmeras, Donde canta el *sabiá*; (zorzal endémico de Brasil)
Las aves que aquí gorjean, No gorjean como allá.
Nuestro cielo tiene más estrellas, Nuestras vegas tienen más flores,
Nuestros bosques tienen más vida, Nuestra vida más amores.

De regreso a Brasil, Gonçalves Dias hizo una brillante carrera en su ciudad natal y luego en Río de Janeiro, en aquel entonces capital de Brasil. Fue profesor de latín y de historia y escribió para varias revistas literarias. En la Academia Brasileña de las Letras (ver p. 53), la silla número 15 lleva su nombre. También fue diplomático y, volviendo de un viaje por Europa, falleció en el naufragio del barco Ville de Boulogne frente a las costas del Maranhão, en 1864.

El himno nacional de Brasil retoma, en parte, los versos de su "Canción del exilio".

LA VIDRIERA DE LA TIENDA AREZZO

Rua Gonçalves Dias, 13
• Metro: Carioca

*Una joya
art déco*

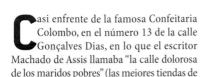

Casi enfrente de la famosa Confeitaria Colombo, en el número 13 de la calle Gonçalves Dias, en lo que el escritor Machado de Assis llamaba "la calle dolorosa de los maridos pobres" (las mejores tiendas de la ciudad estaban aquí desde la época colonial), la tienda Arezzo ocupa desde 2012 una preciosa casa de mediados del siglo XIX.

El edificio albergó sucesivamente una heladería a finales del siglo XIX, la Loja das Sedas (tienda de las sedas) en los años 1930 (donde unas modelos presentaban las telas desfilando por una escalera doble y ataviadas con vestidos en proceso de confección) y, entre los años 1930 y 2010, la célebre Casa Daniel. Especializada en artículos de regalo, fue una de las más importantes de este tipo en Río durante muchos años. A principios del siglo XX, las futuras esposas organizaban su gran día de una forma sencilla: lista de regalos en Casa Daniel, el vestido en Casa Canada y el bufé de recepción en la Confeitaria Colombo, todas muy cerca las unas de las otras.

Cuando el hombre de negocios Anderson Birman decidió encargarse de las obras de reforma del edificio, en muy mal estado desde hacía unos años, encontró intacta toda la decoración que había creado la Lonja das Sedas: una preciosa escalera "hollywoodiense", muebles de madera muy elegantes, pero también y sobre todo una vidriera *art déco* de una calidad excepcional, al final de la escalera. Esta gran vidriera, que representa un gusano de seda, está atribuida al principal artista gráfico del país en el ámbito del *art déco*, J. Carlos.

Durante la reforma, que duró dos años, se encontraron vestigios de ocupaciones anteriores del edificio, como azulejos de la empresa Villeroy-Boch del siglo XIX. Hoy están expuestos en la planta baja como un precioso detalle de arqueología urbana.

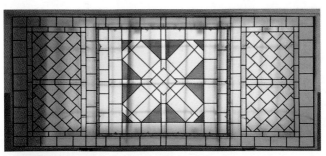

PANEL DE AZULEJOS *SANTA BÁRBARA*

Museo Nacional de Bellas Artes (MNBA)
Avenida Rio Branco, 199, Centro
• http://www.mnba.gov.br/6_programacao/programacao.htm
• Tel.: (21) 2219-8474
• Abierto de martes a viernes de 10 a 18 h. Sábados, domingos y festivos de 12 a 17 h • Entrada: 8 R$, 4 R$ (tarifa reducida). Domingo gratis
• Metro: Cinelândia

Del túnel al museo

Desde dos balcones de las galerías de reproducciones de escultura antigua de la primera planta del Museo Nacional de Bellas Artes, se puede admirar el precioso panel de azulejos *Santa Bárbara* situado en el jardín interior del museo, vetado a las visitas. Realizado en 1963 por la célebre pintora Djanira da Motta e Silva, la obra de arte es un homenaje a los 18 obreros fallecidos en la construcción del túnel Catumbi-Laranjeiras (también conocido como túnel de Santa Bárbara), entre 1947 y 1963.

Inicialmente el panel se creó para decorar una capilla (hoy desaparecida) que fue erigida en una especie de cueva abierta encima del techo del túnel, tras un derrumbe de rocas ocurrido durante las obras.

El acceso a esta capilla dedicada a santa Bárbara, patrona de los mineros, es especialmente complicado (los coches no se pueden parar en el túnel y los peatones no están autorizados a transitar por él), por lo que el panel de azulejos estuvo oculto durante casi veinte años, padeciendo los efectos de la humedad, del calor y de la contaminación.

En 1985, lo sacaron de su sitio para restaurarlo. Permaneció dentro de una caja durante unos años antes de ser restaurado y colocado en el MNBA en 1996.

En medio de dibujos abstractos, este panel, una de las obras maestras del muralismo brasileño, representa a la santa, envuelta en un manto, rodeada de ángeles y de obreros con sus herramientas de trabajo. La obra cuenta con más de 5 000 azulejos de cerámica esmaltada, en tonos que van del azul oscuro al blanco, sobre una superficie de unos 130 metros cuadrados.

> Con motivo de la inauguración de la capilla del túnel de Santa Bárbara, se instaló también una estela en la que figura una inscripción en honor a los obreros muertos: "Tú que pasas por este camino que nuestra muerte abrió en medio de la roca, pide a santa Bárbara que conozcamos la vida junto a Dios".

DJANIRA, LA ARTISTA QUE NO QUERÍA QUE LA LLAMASEN ARTISTA

Nacida en el interior del Estado de São Paulo en el seno de una familia modesta, Djanira (1914-1979) se mudó a Río a finales de los años 30. Abrió entonces una pensión en Santa Teresa, frecuentada por muchos artistas. Luego empezó a dibujar con regularidad.

Convertida a su pesar en "artista" (rechazaba este apelativo), un día explicó la razón en una entrevista: "Yo no quería que me llamasen "artista". Creía que para ser artista, tenía que conocer muchas cosas que no conocía". El MNBA posee 814 obras suyas (la mayor colección de obras de la artista).

LOS AZULEJOS DEL LICEU LITERÁRIO PORTUGUÊS 🔼

Rua Senador Dantas, 118, Centro
Abierto en horario de oficina
• Metro: Carioca

Aunque el edificio neomanuelino del Liceu Literário Português, justo enfrente del Largo da Carioca, es bien conocido por los cariocas; los preciosos azulejos del vestíbulo lo son bastante menos. Merecen sin embargo un pequeño desvío para apreciar esas escenas de la historia de Portugal y, especialmente, de la victoria de don Afonso Henrique en Ourique (1139).

El Liceu Literário Português es una asociación sin ánimo de lucro, fundada en 1868 por un grupo de portugueses, cuyo fin es difundir la cultura y promover la enseñanza y la instrucción. Una iniciativa muy positiva y loable que sigue activa en la actualidad. Sería fantástico que el Brasil actual velase por la educación de su población como lo hicieron los fundadores de la asociación… El edificio actual se inauguró en 1938.

EL MEDALLÓN DEL EDIFICIO BRASÍLIA   ⑱

Avenida Rio Branco, 311
• Metro: Cinelândia

En el dintel del portal del edificio Brasília, proyecto de los arquitectos franceses Viret y Marmorat de los años 1940, un bonito medallón representa a una india empuñando un arco, con el Pan de Azúcar como tela de fondo. El medallón es obra de Humberto Cozzo (1900-1981), uno de los escultores *art déco* brasileños más importantes. Se trata de un himno a Brasil, a su naturaleza y a sus indios, que tanto fascinaron a los europeos de principios del silgo XX. Presente en todo el país, Cozzo fue el escultor oficial del gobierno de Getúlio Vargas. También es el autor de los bajorrelieves del Ministerio de Economía, tanto los de la fachada como los del vestíbulo.

El portal del edificio Brasília es obra de Raymond Subes, genio de la forja decorativa francesa.

> *Una pequeña joya art déco*

MUSEO JUDÍO DE RÍO DE JANEIRO

Rua Mexico, 90
1ª planta
• Tel.: (21) 2524-6451
• www.museujudaico.org.br
• Abierto de lunes a jueves de 10 a 16 h. Viernes de 10 a 14 h
• Entrada: 10 R$
• Metro: Cinelândia

> *Osvaldo Aranha: un brasileño en el origen de la creación de Israel*

Fundado en 1977, el pequeño y acogedor museo judío de Río tiene como objetivo preservar la memoria de la inmigración judía en Río. Es una oportunidad para documentarse sobre este tema y revisar sus conocimientos sobre el judaísmo, ya que los objetos expuestos van a menudo acompañados de fichas explicativas sobre el contexto cultural e histórico de los ritos y las tradiciones de los judíos. Así, se aprende sobre la importancia que tuvo el brasileño Osvaldo Aranha (1894-1960) en la creación del estado de Israel: fue él quien, como presidente de la Asamblea General de las Naciones Unidas, firmó, durante la sesión del 29 de noviembre de 1947, el plan de partición de Palestina (o de lo que quedaba de ella, ya que Transjordania había sido creada en 1922 a partir de la Palestina original). Este plan fue la consecuencia directa de la creación de Israel en 1948, lo que le valió a Aranha un reconocimiento eterno de los judíos del mundo entero, aunque su papel durante el gobierno de Getúlio Vargas fue ambiguo: fue también él quien, en 1943, hizo circular por las embajadas brasileñas de los distintos países europeos una nota según la cual había que restringir firmemente los visados brasileños a los judíos. Aranha incluso, que en aquella época era el ministro de Asuntos Exteriores, destituyó

abruptamente de sus funciones al cónsul brasileño en Marsella, Luiz Martins de Souza Dantas quien había autorizado la emisión de visados a judíos. El museo también posee una colección de *menorá* y de *januquiá* que permite recordar la diferencia entre ambas.

La *menorá* es un candelabro de siete brazos, hecho por Moisés, que simboliza el arbusto en llamas que vio en el Monte Sinaí. Se convirtió en uno de los utensilios del Tabernáculo, luego del Templo de Jerusalén y uno de los símbolos del judaísmo.

La *januquiá* es un candelabro de nueve brazos (ocho más uno) que los judíos utilizan durante la celebración de la *Janucá*, la fiesta de las luces, que conmemora la liberación del Templo de Jerusalén tras la revuelta de los macabeos contra los seléucidas. Según la tradición, los judíos victoriosos no encontraron más que un pequeño frasco de aceite de oliva puro para encender la *menorá* del Templo. Este frasco, que normalmente habría permitido mantener la *menorá* encendida un solo día, duró milagrosamente ocho.

LOS PANELES DE PORTINARI DEL PALACIO GUSTAVO CAPANEMA ⓴

Rua da Impresa, 16, Castelo
• Tel.: (21) 2220-1490
• Visitas de lunes a viernes de 10 a 18 h • Entrada gratuita
• Metro: Cinelândia

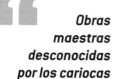

Obras maestras desconocidas por los cariocas

Aunque el palacio Gustavo Capanema sea un icono de la arquitectura moderna, la segunda planta alberga obras desconocidas por los cariocas (todas realizadas por encargo para el edificio) del pintor modernista Cândido Portinari (1903-1962). Saliendo del ascensor, se entra en el salón Jogos Infantis (Juegos Infantiles), llamado así en honor al inmenso mural del mismo nombre que domina el espacio y representa actividades infantiles típicas del interior de Brasil.

Son de admirar los sofás de acero tubular, probablemente firmados por Lúcio Costa y la gran alfombra de Oscar Niemeyer. También las marcas exteriores de la arquitectura del edificio, que se descubren mirando por la ventana. Son ejemplos significativos del modernismo brasileño.

Justo al lado está el salón Portinari, con doce frescos del artista. Juntos forman un gran panel mural que describe los ciclos de la economía del país: la

madera "pau-brasil", la caña de azúcar, el ganado, la prospección, el algodón, el té, el café, el cacao, el hierro, la palma y el caucho.

En la planta de abajo, en la sala de conferencias Gilberto Freyre, dos paneles evocan los orígenes de la educación en la época de los jesuitas. Este conjunto de frescos y de paneles caracterizan la obra de Portinari, recalcando su gusto por los temas sociales.

En la segunda planta, también se pueden descubrir lienzos de la serie abstracta *Los cuatro elementos*. Ubicados en una zona reservada a la administración, el acceso a los mismos está limitado, pero con un poco de suerte, se puede echar un vistazo… La obra *Aire* está en la antigua oficina del ministro Gustavo Capanema (1900-1985). La oficina de su jefe de gabinete, el poeta Carlos Drummond de Andrade (1902-1987), alberga el cuadro *Agua*. Por último, *Fuego* y *Tierra* adornan las salas adyacentes.

A nivel de calle, unos paneles de azulejos de Portinari adornan el exterior del edificio: todos tienen motivos marinos. El experto Carlos Zílio afirma que se trata no solo de la obra "más importante del artista, sino también de una de las más expresivas del modernismo". Una anécdota acompaña su creación. Al descubrir los paneles de azulejos de motivos marinos decorados con peces, Capanema consideró el conjunto "estéticamente insatisfactorio". Se cuenta que ese comentario venía del hecho de que los peces tenían los rasgos y la frente prominente del ministro. Portinari produjo nuevas piezas, lo que explicaría la presencia de estrellas de mar en uno de los paneles.

PALACIO GUSTAVO CAPANEMA

Rua da Imprensa, 16, Castelo
• Tel.: (21) 2220-1490
• Visitas de lunes a viernes de 10 a 18 h
• Entrada gratuita
• Metro: Cinelândia

La terraza jardín de Capanema

En la segunda planta del Palacio Capanema, un jardín al aire libre, invisible desde la calle, hace las veces de terraza jardín, uno de los preceptos modernistas del arquitecto francés Le Corbusier (1887-1965). Creado por el paisajista Roberto Burle Marx, este desconocido jardín de líneas sinuosas solo tiene especies brasileñas, en medio de las cuales se alza la escultura *Mujer sentada* de granito rojo, obra de Adriana Janacópulos (1897-1978). Se parece al jardín situado a nivel de calle, también firmado por Burle Marx, con líneas que imitan las olas que dialogan con los paneles de azulejos de inspiración marina de Portinari (ver p. 48). También hay un jardín en la azotea, en la planta 16, de acceso restringido, que además de ofrecer unas bonitas vistas, permite apreciar la "conversación" entre el jardín de la segunda planta y su equivalente exterior.

UNA ESTATUA SOFISTICADA

El escultor moderno Celso Antônio realizó la *Maternidad* para la parte alta de la preciosa escalera helicoidal del palacio. Permaneció ahí hasta 1952, antes de desaparecer y de volver a aparecer meses después. Se supo entonces que Lúcio Costa, entonces en el Patrimonio Histórico, pidió que la retirasen, porque consideraba que era demasiado incongruente. Se la ofreció al Ayuntamiento que la instaló en su actual emplazamiento, en un jardín de la playa de Botofago, cerca de la iglesia de la Inmaculada Concepción. En el entresuelo del palacio, la obra *La mujer reclinada*, del mismo artista, ocupa ahora su lugar en la escalera.

EL MINISTRO QUE QUERÍA UN EDIFICIO MODERNO

Construido entre 1936 y 1945 para ser la sede del Ministerio de Educación y Sanidad (MES), convertido luego en Ministerio de Educación y Cultura (MEC), el palacio es conocido por esta razón por los cariocas con el nombre de "edificio del MEC". En la época de su construcción, el ministro Gustavo Capanema dio su nombre a este edificio, declarado patrimonio nacional. Su creación fue objeto de una gran polémica: a pesar de los 34 inscritos al anuncio de licitación, Capanema, que quería un edificio moderno, rechazó, en una reacción controvertida, el resultado y convocó de manera unilateral a Lúcio Costa, uno de los arquitectos modernos descartados en la licitación, para elaborar un nuevo proyecto. Otros arquitectos que seguían los principios modernistas de Le Corbusier se unieron al proyecto, como Oscar Niemeyer, Jorge Moreira, Afonso Reudy, Carlos Leão y Ernani Vasconcelos. Además de la terraza jardín, el edificio posee otros principios modernistas: el pilote de diez metros de alto, que abre un amplio espacio de circulación al público; la fachada de cristal, en oposición a la fachada en *brise-soleil*, que protege de los rayos del sol, además de los hastiales ciegos de granito; la escalera helicoidal que da acceso al entresuelo y las esculturas modernas.

VISITA GUIADA DE LA ACADEMIA BRASILEÑA DE LAS LETRAS ㉒

Avenida Presidente Wilson, 203
• Visita guiada: lunes, miércoles y viernes de 14 a 15 h. Una hora de duración aproximadamente
• Reserva obligatoria: visita.guiada@academia.org.br
o bien (21) 3974-2526
• Entrada gratuita
• Metro: Cinelândia

*Pasar
un buen rato*

Las preciosas salas interiores de la Academia Brasileña de las Letras pueden visitarse tres días a la semana. La visita es realizada por actores profesionales que cuentan la historia de la academia y recitan de vez en cuando algunos versos o pasajes de los textos más célebres de la literatura brasileña, como los de la *Canción del exilio* de Gonçalves Dias (ver p. 39).

Aunque al principio parezca un poco *kitsch* (los actores van vestidos como a finales del siglo XIX), en realidad uno se lo pasa muy bien: los actores son muy buenos, a veces graciosos, como la persona de la Academia que da la bienvenida a los visitantes. Se aprenden cosas y es muy divertido. Cabe señalar que en casi todas las visitas hay alumnos de las escuelas de Río con lo que se dan momentos alegres y con un poco de alboroto.

UN VESTIGIO DE LA EXPOSICIÓN DE 1922

El edificio es uno de los escasos vestigios de la Exposición Internacional del Centenario (de la Independencia) de 1922 (ver siguiente página doble): construido por Francia en 1922 para albergar su pabellón, es una copia del Pequeño Trianón del Palacio de Versalles (ver foto). En 1923, Francia donó el edificio, con una parte de su mobiliario, a la Academia Brasileña de las Letras. El pequeño jardín que está detrás del edificio es obra de Burle Marx.

El palacio Austregésilo de Athayde (nombre de un académico), justo al lado, también pertenece a la Academia y se construyó en 1979 donde se encontraba el antiguo pabellón inglés de la Exposición Internacional del Centenario. Se pueden visitar, mediante reserva (teóricamente, ya que se puede reservar para una visita inmediata...), la segunda planta del espacio Machado de Assis (uno de los escritores brasileños más importantes de la historia), donde se exponen recuerdos y muebles de la última casa del escritor, y la primera planta en el "centro de la memoria" en la que se muestran algunas fotos antiguas relacionadas con la Academia. Abre de lunes a viernes de 9 a 18 h.

LA EXPOSICIÓN INTERNACIONAL DEL CENTENARIO (1922-1923)

La Exposición Internacional del Centenario (de la Independencia) fue la primera Exposición Universal que se celebró después de la Primera Guerra Mundial (1914-1918).

Se construyeron más de veinte pabellones, así como dos puertas monumentales y un parque de atracciones. Inicialmente concebida para ser una exposición nacional, como la de 1908, que también se celebró en Río (ver p. 200), contó con la participación de catorce países.

Estuvieron representados más de seis mil expositores nacionales e internacionales. La parte brasileña de la exposición iba desde la Praça XV hasta la antigua punta del Calabouço (actual Museo Histórico Nacional).

Los pabellones se encontraban en lo que entonces llamaban la Avenida das Nações (la avenida de las Naciones, hoy avenida Presidente Wilson). Se estima que tres millones de visitantes acudieron a la exposición, 200 000 de entre ellos el día de la inauguración.

La exposición transformó el espacio urbano e impulsó el uso de las nuevas técnicas y nuevos materiales de construcción. Irónicamente, este evento, que celebraba el final del periodo colonial, también consagró el estilo neocolonial como estilo nacional.

La exposición también estuvo marcada por el discurso de apertura del presidente Epitácio Pessoa (1865-1942), en lo que fue la primera retransmisión radiofónica del país. Se instaló asimismo un sistema especial de alumbrado para las visitas nocturnas y se realizaron proyecciones cinematográficas por primera vez en una exposición universal.

Muchos pabellones estaban en terraplenes recién construidos gracias a la demolición del Morro do Castelo (morro del Castillo, ver p. 61-62), llevada a cabo para la celebración de la exposición.

Exposição do Centenario - 1922

OTROS VESTIGIOS DE LA EXPOSICIÓN INTERNACIONAL DEL CENTENARIO (1922-1923)

Además del Petit Trianon (ver p. 53), otros dos edificios se construyeron para que sirvieran de pabellones en la Exposición Internacional del Centenario de la Independencia, celebrada entre septiembre de 1922 y julio de 1923: el Museo de la Imagen y del Sonido (MIS) y el Centro Cultural del Ministerio de Sanidad (CCMS), ambos en la plaza Marechal Âncora. Se trataba del Pabellón del Distrito Federal y del Pabellón de las Estadísticas respectivamente.

El conjunto compuesto por tres antiguos edificios militares sigue existiendo. Reformado para alojar el Pabellón de las Industrias, se convirtió en el Museo Histórico Nacional (MHN). El consulado de los Estados Unidos (Presidente Wilson, 147) ocupa el lugar donde se construyó el pabellón norteamericano.

El pabellón Carlos Lopes, donde se exponían los productos de la industria portuguesa, fue trasladado a Lisboa en 1932. Ver la guía *Lisboa insólita y secreta* del mismo editor.

MURALLA DEL APARCAMIENTO SANTA LUZIA 🄬

Frente al 255 de la Rua Santa Luzia
• Abierto las 24 horas
• Metro: Cinelândia

La muralla que volvió a aparecer

Los que estacionan en el aparcamiento Santa Luzia ya lo conocen, pero los transeúntes que pasan por encima no se imaginan que el aparcamiento subterráneo Santa Luzia esconde los vestigios de un muro histórico.

Hubo un tiempo en que el mar llegaba casi hasta la iglesia de Santa Luzia. Había incluso una playa con el mismo nombre. Desde entonces, los espacios que se han ganado sucesivamente al mar han alejado el agua poco a poco.

Se hizo el primer terraplén durante la alcaldía de Pereira Passos, a principios del siglo XX, para construir la Avenida Beira Mar. Para contenerlo y protegerlo de la fuerza de las olas, el Ayuntamiento levantó un muro de contención a lo largo del litoral, desde Santa Casa da Misericórdia, en dirección a Glória.

Tras el desmantelamiento del Morro do Castelo y la construcción del terraplén, con el que se creó el terreno donde se celebró la Exposición Internacional del Centenario de la Independencia (ver doble página anterior) en 1922, el muro desapareció, enterrado y olvidado.

En los años 2000, el Ayuntamiento autorizó la construcción de algunos aparcamientos subterráneos, como el que está debajo de la Avenida Presidente Antônio Carlos.

En cuanto empezaron a cavar, los obreros se enfrentaron a un enorme obstáculo: una vez que se identificó el origen del muro, faltaba resolver una cuestión espinosa: ¿cómo conservar este descubrimiento arqueológico a la vez que se construía el aparcamiento? Decidieron pues abrir un hueco lo suficientemente ancho para que cupiese un coche y conservar los dos bloques laterales del muro, últimos testigos de esta obra de contención marítima cuyo rastro se había perdido.

Como anécdota, para verter el hormigón de la solera del suelo del aparcamiento hubo que sacar los dos grandes bloques de piedras fijadas con mortero, colocarlos afuera y volver a ponerlos en su sitio al terminar la solera. Todo ello con la ayuda de dos grúas gigantescas.

El muro resultó ser tan sólido que a pesar de ser de mortero, sus juntas no tenían fisuras, por lo tanto los bloques subieron y bajaron como si se tratase de bloques monolíticos.

Hoy, bajando al aparcamiento por la escalera, o por el ascensor, se puede ver la parte de muro que está más cerca de la iglesia.

Para más información sobre los terrenos ganados al mar en Río, ver doble página siguiente.

RÍO: UNA CIUDAD GANADA EN GRAN PARTE AL MAR

El paisaje de Río ha cambiado mucho desde la llegada de los primeros colonos: para ampliar la ciudad, y a veces por razones sanitarias, se han tapado playas, estanques, pantanos e incluso ríos. También se han destruido morros y la ciudad ha reinventado de este modo sus vistas.

A principios del siglo XVIII, la Lagoa de Santo Antônio (laguna de San Antonio), que se unía al mar en marea alta, fue tapada y cedió su lugar a lo que hoy se conoce como el Largo da Carioca.

Donde hoy se sitúa la Rua dos Arcos, se hallaba la Lagoa do Desterro, desecada en 1643. La Lagoa do Boqueirão da Ajuda fue tapada con la tierra procedente de la demolición del morro vecino, el Morro das Mangueiras, para crear el Passeio Público (Paseo Público, ver p. 120). Un poco más al sur, a la altura del actual Largo do Machado, también taparon la Lagoa da Carioca y el río del Catete (ver p. 136).

Un enorme manglar, que bordeaba el Saco de São Cristóvão, una larga porción de mar que iba de la actual Praça XI hasta la altura de la estación de autobuses Novo Rio y del barrio de Santo Cristo (donde hasta principios del siglo XX se encontraban la Praia Formosa y el Saco do Alferes), comenzó a ser tapada durante el periodo colonial, para limpiar el lugar y facilitar la circulación entre el Palacio de São Cristóvão y el Paço Real, hoy llamado Paço Imperial, en la Praça XV. Como la zona a rellenar era considerable y las obras costosas, solo se hizo un camino estrecho para las carrozas de la Corte imperial. La zanja de drenaje que corría a lo largo del llamado Caminho do Aterrado (camino del Terraplén), se transformó en canal (el Canal del Mangue) en el siglo XVI. A principios del siglo XX, durante la construcción del nuevo puerto de Río, lo extendieron hasta el mar.

Con el fin de modernizar la ciudad y de marcar el principio de la República, el siglo XX nació bajo el signo de las grandes intervenciones urbanísticas. En el centro, las playas de Dom Manuel y de Peixe (en la actual Praça XV) desaparecieron.

La Prainha (pequeña playa), que estaba situada en lo que se ha convertido en la Praça Mauá, fue rellenada al mismo tiempo que las playas de Saúde y Gamboa, con el fin de construir el nuevo puerto. Para ello se utilizó la tierra de la demolición del Morro do Senado, tras ceder este su lugar a la Praça da Cruz Vermelha. En 1922, con la arena de la demolición del Morro do Castelo (ver p. 61), se rellenaron las playas de Santa Luzia (Castelo), Ajuda (Cinelândia), Glória, Russel y Boqueirão (frente al Passeio Público, ver p. 120) hasta Calabouço (cerca del Museo Histórico Nacional). Estos terrenos ganados al mar se unieron a la Avenida Beira Mar, inaugurada en 1906 y que iba desde el Obelisco, en la actual Avenida Rio Branco, hasta el Botofago.

Posteriormente, a principios de los años 1950, el Aterro do Flamengo (ganado al mar), vio la luz gracias a la destrucción parcial del Morro de Santo Antônio. El lugar donde se alzaba el morro está ocupado hoy por avenidas nuevas con grandes edificios y la catedral de San Sebastián.

En la zona sur, durante los años 70, la playa de Copacabana fue rellenada para ampliar la Avenida Atlântica. En cuanto a la Lagoa Rodrigues de Freitas, ha ido perdiendo año tras año cerca del 40 % de su superficie, para construir, legal o ilegalmente, clubes deportivos y edificios residenciales.

Esta política urbanística no se limitó solo al centro o a la zona sur. En el norte, por ejemplo, la zona que abarca desde la punta de Caju hasta la playa Maria Angu alberga hoy el complejo de favelas de Maré (ver p. 306) y una parte de la Avenida Brasil y de la Linha Vermelha. El archipiélago que había cerca de la Enseada de Inhaúma fue rellenado e integrado a la isla de Fundão, que acoge el campus de la Universidad Federal de Río de Janeiro.

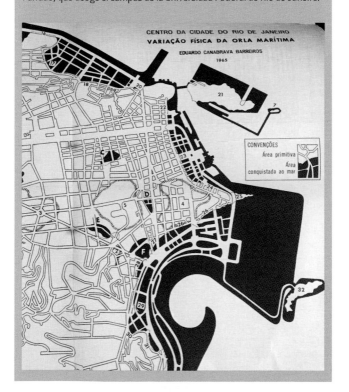

LOS DETALLES *ART DÉCO* DEL TRIBUNAL REGIONAL DE TRABAJO

24

Avenida Presidente Antônio Carlos, 105, Centro
• Metro: Carioca

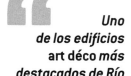

Uno de los edificios art déco más destacados de Río

El Ministerio de Trabajo, hoy Tribunal Regional de Trabajo, es uno de los edificios más notables de Río, por su carácter futurista, su diseño tipo rascacielos neoyorquino y su artesanía de hierro *art déco* de gran calidad.

Proyectado en 1936 por el arquitecto Mario Santos Mais (con la colaboración de Affonso Eduardo Reidy, autor del Museo de Arte Moderno en los años 1950), el edificio tiene puertas, portales y ventanas de hierro forjado fabricados en el taller de Pellegrino y Fernandes, maestros en la materia.

Dentro, su estética recuerda el estilo Bauhaus, predominan las soluciones económicas sin florituras: las escaleras y las barandillas son de acero cromado y los muros de ladrillo de vidrio, lo que aporta al edificio un auténtico estilo *streamline*.

LA DESTRUCCIÓN DEL MORRO DO CASTELO Y LA ESPLANADA DO CASTELO: UNA DE LAS MAYORES CONCENTRACIONES DE EDIFICIOS *ART DÉCO* DE RÍO

Tras la destrucción del Morro do Castelo en 1920, la cuestión de la ocupación del lugar, llamado desde entonces la Esplanada do Castelo, pasó a ser un tema importante. Aunque el espacio permaneció prácticamente vacío durante unos años, la exposición conmemorativa del centenario de la independencia de Brasil (ver p. 54) ocupó una parte de la zona en 1922. En cuanto se desmontaron los pabellones (a excepción de algunos, como el de Francia; ver p. 55), la duda seguía ahí: ¿qué hacer con este inmenso terreno, en pleno centro de Río?

Cuando Getúlio Vargas, el "presidente permanente" (eufemismo utilizado por los norteamericanos para designar al dictador), ocupó el gobierno en 1930, encontró enseguida un destino nuevo para estas tierras imaginando crear una nueva capital federal, razón por la que hoy el barrio alberga la mayor concentración de edificios *art déco* de la ciudad de Río: los ministerios, tribunales y administraciones de todos los sectores ocuparon los edificios nuevos y modernos, demostrando la potencia mundial en la que se había convertido Brasil.

Se organizó incluso la exposición Nuevo Brasil, inaugurada en 1938, para presentar las maquetas de los edificios que se habían construido y de los que faltaban por construir.

LAS CERÁMICAS DEL MINISTERIO DE HACIENDA

25

Museu da Fazenda Federal
Avenida Presidente Antônio Carlos, 375
• Visitas guiadas (solo en portugués) de lunes a viernes de 9 a 16 h (reservar por teléfono llamando al (21) 3805-2003 o (21) 3805-2004)
• Entrada gratuita
• Metro: Cinelândia

Cerámicas ocultas en lo alto de un ministerio

Muy pocos son los cariocas que saben que la terraza del Ministerio de Hacienda, en la planta 14, esconde un verdadero tesoro del arte moderno brasileño: unos paneles realizados con mosaico de cerámica, obra del artista plástico Paulo Werneck (1907-1987).

El arquitecto Luiz Mora, responsable del proyecto de ejecución del Ministerio de Hacienda y seguidor de las formas conservadoras, sorprendió al invitar a Werneck para sus cinco paneles de cerámicas inspirados en la cultura indígena y en la naturaleza tropical: "Usted es de la corriente moderna, pero sabe dibujar. Va a hacer los mosaicos del Ministerio. La temática es libre".

Werneck, considerado por muchos como el mayor creador de mosaico brasileño del siglo XX, trabajó por primera vez con modelos vivos y, años más tarde, describía así una parte de su obra: "El indio representaba a un bravo guerrero que, al servicio de los jesuitas, defendía las misiones; se llamaba Sepé Tiaraju. La india, ya no me acuerdo. Uno de los paneles representa el Amazonas, se ve un tucán. En otro, tenemos patos salvajes, mucha agua, palmeras…".

También era la primera vez que Werneck trabajaba con cerámica, gracias a la colaboración de Jorge Ludolf, propietario de Cerâmica Brasileira. Considerada la mayor fábrica de cerámica del país en la época, producía una amplia variedad de colores, "con materiales absolutamente seguros y con colores que ya no se fabrican", declaraba Werneck.

La terraza también tiene dos esculturas de cerámica vidriada, también de temática indígena, del artista Leão Velloso (1899-1966).

UNA PRECIOSA VISTA PARA COMPRENDER MEJOR EL ANTIGUO MORRO DO CASTELO

Más allá de sus preciosas vistas, la terraza es uno de los mejores sitios para comprender dónde se encontraba el histórico Morro do Castelo (ver p. 61) que fue demolido para dejar sitio a la explanada actual, donde se encuentran los ministerios de Hacienda, del Trabajo, de Educación y de Sanidad, además de otros edificios. Con la tierra del morro, se ganó terreno al mar, sobre todo en la ubicación de la antigua playa frente a la iglesia vecina de Santa Luzía, donde se organizó la Exposición Internacional del Centenario de la Independencia en 1922 (ver p. 54).

La terraza dispone también de dos esculturas de mayólica, en la misma temática indígena, del escultor Leão Velloso (1899-1966).
El Ministerio de Hacienda tiene asimismo una magnífica escalera interior. Ver doble página siguiente.

LA ESCALERA DEL ANTIGUO MINISTERIO DE ECONOMÍA

Palácio da Fazenda
Avenida Presidente Antônio Carlos, 375, Castelo
• Visitas guiadas (en portugués) de lunes a viernes de 9 a 16 h (reservar por teléfono llamando al (21) 3805-2003 o (21) 3805-2004)
• Entrada gratuita
• Metro: Cinelândia

> **Una escalera espectacular y desconocida**

Entrando en el vestíbulo de los ascensores del Palácio da Fazenda (antigua sede del Ministerio de Economía antes de trasladar la capital a Brasilia), se descubren inmediatamente dos imponentes escaleras a cada lado. Dos grandes lámparas de araña parecen flotar sobre estas amplias escaleras que son de una gran ligereza a pesar de sus escalones de mármol y sus barandillas de metal adornadas con dorados. A partir de la primera planta, las dos rampas de escalera se juntan formando una única y espectacular escalera helicoidal, como se puede apreciar durante la visita guiada. Las barandillas llevan la firma de Oreste Fabbro, que también diseñó las puertas de entrada y las verjas decorativas de las ventanillas.

Inaugurado en 1943, el edificio fue la sede del Ministerio de Economía hasta que Brasilia se convirtió en la capital del país a principios de los años 1960. El inicio de las obras de construcción no estuvo exento de polémica. El proyecto de líneas modernistas propuesto por Wladimir Alves de Souza y por Eneas Silva, ganadores del concurso de arquitectura, fue descartado por el ministro de Economía, Arthur de Souza Costa (1893-1957), que prefería el estilo neoclásico. Su influencia era tal que mostró al equipo responsable una foto de un edificio neoclásico italiano y declaró, estando ya los planos del edificio listos: "Así es como quiero la fachada".

Como parte integrante de la modernización de Río de Janeiro llevada a cabo por el gobierno de Getúlio Vargas (ver p. 128), se construyeron dos edificios en la misma época, de estilos opuestos: el Palácio da Fazenda, neoclásico, y el Ministerio de Educación y de Sanidad (Capanema – ver p. 51), uno de los principales símbolos del modernismo brasileño.

El Palacio de Finanzas también posee unas preciosas cerámicas modernistas en la planta 14. Ver doble página anterior.

Originalmente, el edificio del Ministerio de Economía debía construirse en la Avenida Passos, cerca de la Praça Tiradentes, razón por la cual se demolió la Academia Imperial de Bellas Artes, proyectada por el arquitecto francés Grandjean de Montigny e inaugurada en 1826. Solo se conserva el pórtico de entrada: hoy está en el Jardín Botánico (ver p. 120). Donde estaba el edificio, hay un aparcamiento de una tristeza infinita al que le cuesta borrar la memoria de su predecesor, en pleno centro de la ciudad...

IGLESIA DE NOSSA SENHORA DO BONSUCESSO

27

Rua Santa Luzia, 206 - Centro
• Abierto de lunes a viernes de 9.30 a 18 h
• Metro: Cinêlandia

> *La memoria de un milagro que duró una hora y media*

En la sacristía de la iglesia de Nossa Senhora do Bonsucesso (Nuestra Señora del Buen Suceso, entrada por la calle Santa Luzia: la entrada principal está casi siempre cerrada), un cuadro de época recuerda un milagro que duró una hora y media y permanece en la memoria de los hombres desde hace casi cuatro siglos.

En 1637, el padre Miguel Costa llegó a la ciudad con la imagen del *Bom Successo* con la que se inició la devoción a la santa en Brasil y obtuvo el permiso de colocarla en el altar de la iglesia de la Misericordia (Igreja da Misericórdia). En aquel entonces su festividad se conmemoraba el primer domingo después del 8 de septiembre. El milagro se produjo durante la primera celebración: *"En el año 1639, el 11 de septiembre, el domingo de la octava de la Natividad de la santa, día en que se celebró la primera fiesta de Nuestra Señora del Buen Suceso, en la apertura del Santo Sacramento, la Virgen se apareció bajo la forma en que estaba pintada; fue vista por tres sacerdotes en un intervalo de una hora y media y este milagro ha sido reconocido".*

Durante una hora y media, el que contemplaba la hostia vislumbró en efecto la imagen de la Virgen del Buen Suceso, como lo explican el texto y la representación de la imagen, que hoy se puede seguir admirando. Según el hermano Miguel de São Francisco, el milagro volvió a producirse poco después, cuando se celebró una novena para calmar la sequía que asolaba la ciudad. La popularidad de la santa creció tanto que Nuestra Señora del Buen Suceso fue considerada la patrona del hospital de la Santa Casa.

EN LOS ALREDEDORES:

LOS OJOS DEL RELOJ

En la misma sacristía, casi diametralmente opuesto a la imagen de la Virgen milagrosa, un sorprendente reloj suele pasar casi siempre desapercibido. Sin embargo, si se toma el tiempo de observar su funcionamiento, se puede ver que en el simpático rostro mofletudo que hay dentro del reloj, sobre el propio cuadrante, los ojos siguen el movimiento del péndulo. Mirada a la izquierda, mirada a la derecha, como si este personaje siguiese con los ojos el paso del tiempo…

LA ESCALERA DE LA ESTACIÓN DE HIDROAVIONES

Instituto Histórico y Cultural de Aeronáutica (INCAER)
Praça Marechal Ancora, 15-A, Centro (al lado del Club Aeronáutico)
• Tel.: (21) 2101-4966 o (21) 2101-4967
• www.incaer.aer.mil.br
• Visitas de lunes a viernes de 8.30 a 12 h (llamar para consultar el horario de verano)
• Entrada gratuita
• Metro: Cinelândia

> *La estación de hidroaviones del aeropuerto Santos Dumont sigue existiendo*

Aunque ya no está en activo, la estación de hidroaviones del aeropuerto Santos Dumont, uno de los símbolos de la arquitectura moderna brasileña, sigue en pie. Su elemento más interesante es probablemente la escalera helicoidal interior, de mármol, que comunica los 5,4 metros que separan la planta baja de la superior.

El edificio, de líneas sencillas y depuradas, presenta unas fachadas libres, con grandes ventanales que en la época permitían disfrutar de una vista despejada de la ciudad, por un lado, y de la bahía de Guanabara, por el otro. Este proyecto recoge los cinco puntos de la arquitectura moderna: planta libre, fachada libre, pilotes, terraza y ventanas alargadas que favorecen la integración con el paisaje.

El edificio, declarado patrimonio histórico y artístico nacional en 1957, ha sufrido el paso del tiempo. Ahora los ventanales están revestidos con una lámina oscura para evitar que entren los rayos de sol y reducir así el calor en el interior. Asimismo, el gran vestíbulo de la planta baja, que ocupa el espacio de la antigua sala de embarque, se ha convertido en una sala de conferencias. La primera planta, que antaño fue una bonita sala de espera con sus sillones mullidos, su restaurante y su bar, ha pasado a ser un espacio de almacenamiento, aunque la magnífica barra del bar, totalmente revestida de aluminio, sigue ahí. También en la primera planta, una terraza ofrece unas bonitas vistas de la isla Fiscale. Desde ahí también se puede ver la pequeña escalera de caracol original que conduce al jardín y a la pasarela cubierta destinada al acceso a los hidroaviones, que hoy forman parte del Club Aeronáutico (privado).

La estación, inaugurada en 1938, es un proyecto del arquitecto Attilio Correa Lima, ganador del concurso de arquitectura el año anterior. Con los avances de la aviación, la estación cerró en 1942 y pasó temporalmente a manos del Club Aeronáutico. Desde 1986, la INCAER (ver más arriba) ocupa el edificio. Attilio Correa Lima murió cerca de aquí, en 1943, cuando el avión en el que viajaba se estrelló mientras aterrizaba en el aeropuerto Santos Dumont.

La biblioteca de la INCAER posee unas 8 000 obras dedicadas a la aeronáutica brasileña y extranjera.

LAS PINTURAS DE LEANDRO JOAQUIM

Museo Histórico Nacional
Praça Marechal Âncora s/n (cerca de la Praça XV)
• www.museuhistoriconacional.com.br
• Tel.: (21) 3299-0300 o (21) 3299-0324
• Abierto de martes a viernes de 10 a 17.30 h. Sábados, domingos y festivos de 14 a 18 h. Lunes cerrado
• Entrada: 8 R$
• Domingos gratis
• Metro: Cinelândia y luego unos 20 minutos a pie

> *El único lienzo conocido de la pesca de ballenas en la bahía de Guanabara*

Expuestos en el Museo Histórico Nacional (MHN), los cuadros ovales pintados por Leandro Joaquim (c. 1738 – c. 1798) son un testimonio excepcional del Río de Janeiro y de la bahía de Guanabara del siglo XVIII. Representan actividades, distintos tipos de población y numerosos detalles de la arquitectura de la época, dentro de una auténtica crónica visual de la ciudad en el siglo XVIII. Las obras ilustran también la importancia del mar para la ciudad –cuatro de ellas son obras marinas y las otras dos tienen la tierra como marco, pero siempre a la orilla del mar–.

Los cuadros son: *Iglesia y playa de Glória*, la iglesia que hoy sigue estando sobre la playa, hoy sepultada (ver p. 131), y en la playa, unos pescadores tirando de la red; *Laguna de Boqueirão y acueducto de la Carioca*, los Arcos de Lapa, unos cariocas realizando actividades varias cerca de la laguna que fue tapada para construir el Passeio Público (ver p. 120) y, en primer plano, un simpático pedazo de mar quebrándose en la playa; *Procesión marítima en el hospital de los Lázaros*, el hospital que hoy sigue existiendo y una procesión de barcos delante de la playa de São Cristovão, sepultada hace mucho tiempo; *Revista militar en el Largo do Paço*, que demuestra que la actual Praça XV tiene muchos elementos del siglo XVIII: el Paço Imperial (Palacio Imperial), en aquella época residencia de los virreyes, las iglesias del Carmo (Carmelo) y de los Carmelitas de la Orden Tercera, el Arco de Teles y, en lo que eran los bordes del muelle, la fuente de Maese Valentim; *Visita de una escuadra naval inglesa*, anclada frente a la fortaleza de Villegagnon, convertida en escuela naval. Y *Pesca de ballenas*, único lienzo conocido que representa esta pesca ordinaria en la bahía de Guanabara en el siglo XVIII.

Las obras (ocho al principio, pero dos desaparecieron) fueron encargadas al artista para decorar los pabellones de las terrazas del Passeio Público. Estos cuadros forman parte de las primeras pinturas marinas y pinturas paisajistas realizadas en Brasil por un brasileño.

LOS PANES DE AZÚCAR DEL MUSEO HISTÓRICO NACIONAL

Museo Histórico Nacional
Praça Marechal Âncora s/n (cerca de la Praça XV)
• www.museuhistoriconacional.com.br
• Tel.: (21) 3299-0300 o (21) 3299-0324
• Abierto de martes a viernes de 10 a 17.30 h. Sábados, domingos y
festivos de 14 a 18 h. Lunes cerrado • Entrada: 8 R$ • Domingos gratis
• Metro: Cinelândia y luego unos 20 minutos a pie

Un ejemplo de aquello que dio su nombre al famoso pan de azúcar

Para quienes nunca han entendido realmente cuál es el origen del término 'pan de azúcar', el Museo Histórico Nacional de la ciudad de Río ha tenido la brillante idea de incluir en sus colecciones dos panes de azúcar auténticos.

Un pan de azúcar, como se descubre en el museo, es un bloque de azúcar refinado, con forma cónica (la misma que la de la famosa montaña Pan de Azúcar de Urca), que se usaba en el refinado del azúcar.

El azúcar se vendía en este formato hasta finales del siglo XIX, fecha en la que el azúcar en polvo o en terrones lo fue sustituyendo, aunque algunas sociedades tradicionales siguen usando el pan de azúcar. Su gran ventaja es lo fácil que se conserva: su forma le permite resistir bien a las agresiones del tiempo, al contrario que los otros tipos de azúcar. Se puede transportar largas distancias con escasos riesgos de que se deteriore, por lo que tiene mucho éxito en las regiones aisladas y de difícil acceso y en las regiones con un bajo poder adquisitivo, donde las dificultades económicas determinan las compras.

El proceso técnico de elaboración del azúcar determinó su forma cónica: fabricado en tierra, en metal o en madera, el pan de azúcar tiene una base relativamente ancha y una punta redondeada con un agujero. Colocado al

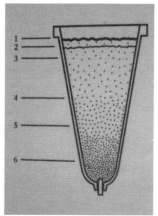

revés (el agujero boca abajo), se llenaba el pan de azúcar con jugo de caña de azúcar y se tapaba, arriba, con una capa de arcilla. Todos los días, durante 30 a 40 días, se vertía agua, que se filtraba en el pan a través del jugo de caña de azúcar y salía por debajo, donde estaba el agujero practicado para tal efecto.

Al final del proceso de filtración, el azúcar más blanco, el más refinado, quedaba en la parte de arriba del pan de azúcar. Abajo, el azúcar más oscuro.

BIBLIOTECA DEL MUSEO HISTÓRICO NACIONAL🟡

Praça Marechal Âncora, s/n (cerca de la Praça XV)
- www.museuhistoriconacional.com.br
- Tel.: (21) 3299-0351
- mhn.biblioteca@museus.gov.br
- La biblioteca abre de lunes a viernes de 14 a 17 h

Una
biblioteca
olvidada

Pocos son los visitantes del Museo Histórico Nacional que saben que el museo posee una biblioteca. Y con razón. Para llegar a ella hay que subir a la primera planta tras entrar por el acceso principal del museo y, en vez de empezar la visita en la primera sala, hay que abrir la puerta que da a la pequeña terraza del museo. Desde ahí se accede a la biblioteca que, además de las colecciones de libros que se pueden consultar, tiene unos preciosos techos pintados por Carlos Oswald (1882-1971) que decoraron el pabellón de las Grandes Industrias en la Exposición Internacional de 1922. Hoy la biblioteca ocupa una parte del edificio original del pabellón (ver p. 55).

LOS BAJORRELIEVES DEL CENTRO ADMINISTRATIVO DEL TRIBUNAL DE JUSTICIA

Praça XV de Novembre, 2

32

Art déco en la Praça XV

El actual centro administrativo del Tribunal de Justicia, construido en la Praça XV en 1941 por el arquitecto Humberto Nabuco dos Santos, posee unos magníficos bajorrelieves de estilo *art déco* que muchos cariocas no conocen.

Son obra de Armando Socrates Schnoor; están en lo alto de las dos columnas en forma de U que flanquean la entrada del edificio y representan a hombres de varias etnias brasileñas realizando actividades de pesca tradicional.

Antaño el edificio albergaba el Almacén Federal de Pesca y el CONAB (Companhia Nacional de Abastecimento – Compañía Nacional de Abastecimiento).

PASEO POR EL BORDE DE LA PISTA DEL AEROPUERTO SANTOS DUMONT

Avenida Almirante Silvio de Noronha
• Bus: 2018, en dirección al aeropuerto; todos los autobuses que pasan por el parque de Flamengo, cerca del aeropuerto

> *Ver el despegue de los aviones desde muy muy cerca*

Si se llega en coche al aeropuerto Santos Dumont, hay que seguir el panel "escola naval" para rodear el aeropuerto. Al cabo de unos cien metros, un panel indica que el final del único puesto del aeropuerto está todavía a casi trescientos metros. Siguiendo correctamente la señalización sonora y los paneles de la Avenida Almirante Silvio de Noronha, que cruza el final de la pista, se puede disfrutar de un precioso paseo (con una vista original al Pan de Azúcar, al Cristo, al puente Rio-Niterói y al fondo de la bahía), pero también y sobre todo de un verdadero chute de adrenalina.

La ruta pasa literalmente a unos metros del final de la pista de despegue y aterrizaje de los aviones y, si se respeta realmente la señalización ("no insista" aparece a menudo en las señales de tráfico), se puede presenciar un espectáculo alucinante: a apenas unos metros de los aviones en pleno despegue, el ruido de los motores es realmente ensordecedor. Si, al llegar por la ruta que lleva a la Escuela Naval, en la isla vecina de Villegagnon (unida por un puente), los que solo hayan visto aterrizar aviones (que es menos espectacular), tendrán, aparte del estruendo del despegue, el efecto sorpresa cuando retomen la carretera en el otro sentido, ya que los aviones despegarán a sus espaldas, antes de pasarles por encima.

Que los más impacientes no se preocupen: el tráfico es intenso y un avión aterriza o despega cada dos o tres minutos.

Contrariamente a lo que uno se puede imaginar, la Avenida Almirante Silvio de Noronha es una vía pública sin restricciones de circulación. No pasa ningún autobús y solo se circula en coche, taxi, bici o a pie. Si tiene tiempo que perder antes de tomar su avión, el principio de la pista, en dirección a la avenida, solo está a 5 min andando de la terminal de salidas. El lugar es también, evidentemente, la cita de los apasionados de la aviación.

La tierra procedente de la demolición del Morro do Castelo (ver p. 61), y más tarde la del Morro de Santo Antônio, sirvió para rellenar la pista del aeropuerto Santos Dumont (1350 metros de largo), ganada al mar.

UN AVIÓN QUE HIZO VOLCAR A UN TAXI

El lugar es una zona de riesgo, como lo recordó en una entrevista Jorge Barros, especialista en seguridad aérea: "*La gente no se imagina la capacidad de destrucción de una turbina cuando expulsa aire. Puede volcar un camión y que este dé varias vueltas de campana*". En 2002, el desplazamiento de aire causado por unas turbinas durante el despegue de un avión hizo que un taxi que estaba en la Avenida Silvio de Noronha volcase. Expulsado de su vehículo, el taxista murió. Según los artículos de la época, el taxista no habría respetado las señalizaciones de la avenida.

LAPA - CENTRO
GAMBOA - SAÚDE

EDIFICIO NEOEGIPCIO

Rua Pedro Alves, 40 y 42
• Se recomienda tomar un taxi

*Un edificio
neoegipcio
muy curioso*

En el barrio de Santo Cristo, cerca de la magnífica fábrica Bhering (Rua Orestes, 28; no se lo pierda si no lo conoce), el llamativo edificio neoegipcio en la Rua Pedro Alves, números 40 y 42, destaca entre almacenes y otras edificaciones con vocación comercial e industrial.

El edificio (1910) es sencillamente una de las obras arquitectónicas más bonitas y sorprendentes de la ciudad de Río. Está en perfecto estado de conservación.

Más que por lo simbólico, el valor del edificio reside en su decoración original y variada. Destacan así los capiteles con forma de palmeras, el sol naciente (alegoría al dios Ra), las alas de halcones (alegoría al dios Horus), los escarabajos alados (símbolo de renacimiento del alma)…

Hay otro edificio de estilo neoegipcio en el centro de Río. Ver p. 37.

Aunque la moda mundial de construir edificios de estilo egipcio se desarrolló con fuerza tras la campaña de Egipto de Napoleón Bonaparte (1798), en realidad Napoleón solo había seguido una moda que ya estaba bien establecida en Europa: desde mediados del siglo XVIII, los artistas jóvenes marchaban a Roma para buscar en la capital italiana los orígenes etruscos y egipcios del arte romano. Durante la Revolución Francesa, muy influenciada por la masonería, el culto a los muertos y los misterios del arte egipcio, apreciados por los masones, ya suscitaron un gran interés.

ASTRONOMÍA EN EL OBSERVATORIO DEL VALONGO

❷

Ladeira Pedro Antônio, 43
- Tel.: (21) 2263-0685 • ov@astro.ufrj.br • www.ov.ufrj.br
- Observaciones el primer y tercer miércoles del mes a las 18.30 h (presentación de un tema astronómico a las 18 h)
- Observaciones del sol, con filtro, varias veces al año
- Visitas al observatorio de lunes a viernes de 9 a 16 h
- Entrada gratuita

> **Observar las estrellas, la luna y el sol en pleno centro de Río**

Menos conocido que el Observatorio Nacional de São Cristovão, el observatorio del Valongo está situado en la cima del Morro da Conceição. Se accede fácilmente y directamente desde la Ladeira Pedro Antônio, que da a la Rua da Conceição. Dos veces al mes, el observatorio tiene la magnífica idea de permitir que el público venga a observar las estrellas.

Después de la presentación de 30 minutos sobre un tema astronómico (los vientos estelares, durante nuestra visita, que son los que causan las auroras boreales), se pasa directamente a las observaciones en una atmósfera intimista, lejos de las masas de gente del observatorio de São Cristovão. A veces colocan un telescopio refractor en el césped situado delante del edificio principal. Según el periodo en que se hace la visita, se pueden observar Mercurio, Saturno y sus anillos y sobre todo la Luna, cuya visión es realmente espectacular: en los días claros, se llegan incluso a discernir los relieves de los distintos cráteres de la superficie. Una visita que no hay que perderse bajo ningún concepto.

Además del telescopio refractor que está fuera, el telescopio Coudé que está bajo la hermosa cúpula de madera también permite observar con detalle Saturno y sus anillos. Aunque se ve mejor el planeta en una foto o en internet, verlo "de verdad", a través del telescopio, es una experiencia única.

Entre semana, durante el día, también se puede visitar el propio observatorio cuyo interés principal está en el telescopio astronómico Cooke & Sons, instalado bajo la preciosa cúpula antigua en el edificio principal.

El observatorio del Valongo debe su existencia a Manoel Pereira Reis (1837-1922): astrónomo en el Observatorio Imperial, tuvo desavenencias con su director francés Emmanuel Liais (1826-1900) y, junto con Joaquim Galdino Pimentel y André Gustavo Paulo de Frontin, adquirió un terreno en el Morro de Santo Antônio, cerca de la Escola Politécnica, donde construyeron un pequeño observatorio que fue creciendo poco a poco.

En los años 1920, la destrucción del Morro de Santo Antônio (ver doble foto página siguiente) y del Morro do Castelo (que en la época albergaba el Observatorio Imperial) motivó el traslado del observatorio a su emplazamiento actual entre 1924 y 1926. Reconstruyeron casi idénticamente los edificios del Morro de Santo Antônio: la entrada del observatorio, así como los edificios que albergan las cúpulas de los telescopios Cooke y del telescopio refractor Pazos.

MUSEO HISTÓRICO Y DIPLOMÁTICO DEL PALACIO ITAMARATY

Avenida Marechal Floriano, 196
• Visitas solo mediante reserva
• E-mail: ererio.museu@itamaraty.gov.br
• Tel.: (21) 2253-2828
• Para visitar la biblioteca de lunes a viernes de 10 a 17 h, reservar en el (21) 2253-5720

Una pequeña joya olvidada

El museo del palacio Itamaraty, antigua sede del Ministerio de Asuntos Exteriores de 1899 a 1970, puede visitarse solo previa reserva (ver más arriba).

Además de las colecciones (cuadros, muebles, adornos y objetos ligados a la historia de la diplomacia brasileña), la visita permite descubrir los increíbles espacios que ocupa el museo: el salón indio y su magnífico papel pintado de estilo nativista (lamentablemente en mal estado), así como el salón de baile y el antiguo despacho del barón de Rio Branco, ministro de Asuntos Exteriores entre 1902 y 1912. Este tuvo un papel esencial en la vida política brasileña. Fue él quien, gracias a su habilidad diplomática, solucionó los conflictos fronterizos con Argentina, Francia (frontera con la Guyana francesa) y en especial con Bolivia: en 1903 negoció la incorporación del estado boliviano de Acre a Brasil. Rio Branco, la capital del Estado, le debe su nombre.

La visita del museo también permite acceder a una terraza que ofrece una vista muy bonita de la biblioteca histórica del palacio así como de la fuente de agua y de las palmeras imperiales en el centro del jardín interior.

El palacio debe su existencia a Francisco José da Rocha (1806-1883), conde de Itamaraty, un rico comerciante de café y de piedras preciosas que encargó la construcción del palacio (1854) a José Maria Jacinto Rebelo, discípulo de Grandjean de Montigny.

En 1889, la República de Brasil compró el palacio donde instaló primero la sede de la presidencia y después el Ministerio de Asuntos Exteriores.

LA BIBLIOTECA HISTÓRICA

Con la apertura de la Avenida Presidente Vargas, se decidió construir un nuevo edificio para la biblioteca, proyectada entre 1927 y 1930 por el arquitecto escocés Robert Prentice (también autor de la estación ferroviaria Leopoldina, ver p. 279) y el arquitecto austriaco Anton Floderer (también autor del ascensor Lacerda, en Salvador de Bahía).

No se escatimó en gastos: las ventanas y las puertas de bronce vinieron de Inglaterra; la ventilación artificial y una máquina para desinfectar el papel, de Alemania; el suelo de linóleo y un aparato para enfriar el agua potable, de Estados Unidos.

Atención, la visita de la biblioteca no está incluida en la del museo. Es necesario reservar (ver más arriba).

PALACIO EPISCOPAL Y FORTALEZA DE LA CONCEIÇÃO ❹

Rua Major Daemon, 81
Saúde
• Visitas, previa reserva, de lunes a jueves de 8 a 16 h. Viernes de 8 a 12 h
• Tel: (21) 2223-2177
• www.5dl.eb.mil.br

Situado en el centro del Morro da Conceição, un morro desconocido por numerosos cariocas a pesar de estar en plena ciudad, el regimiento de la 5ª división de los levantamientos topográficos (5ª Divisão de Levantamento) está ubicado desde 1922 en

Unas vistas históricas sobre la ciudad

un espacio único, catalogado en 1938, que agrupa el precioso antiguo palacio episcopal (construido en 1702) y su encantador claustro así como la antigua fortaleza de la Conceição, construida en 1713 para participar en la defensa de la ciudad.

Mediante reserva, se visitan el museo cartográfico del servicio geográfico del ejército, situado en el antiguo palacio, la biblioteca, ubicada en la antigua capilla del palacio, así como la antigua fortaleza y su depósito de armas donde encerraron a los tres conspiradores de la Conspiración Minera (ver más abajo) en 1791, como el célebre Tomás Antônio Gonzaga. El depósito de armas fue construido en 1765 para que se pareciese a una capilla, con el objetivo de engañar al enemigo sobre el uso real del lugar y evitar por lo tanto un eventual bombardeo.

Aunque el museo, que expone algunos objetos que sirvieron para establecer los mapas en Brasil, no sea apasionante, la visita es interesante por el encanto general del lugar, su carácter histórico y las preciosas vistas panorámicas que ofrece sobre la ciudad.

En 1905, mientras vivía en el palacio episcopal, el arzobispo Arcoverde se convirtió en el primer cardenal de Latinoamérica.

El palacio episcopal en sí se construyó sobre los vestigios de un pequeño convento construido en 1669 por monjes capuchinos franceses que fueron expulsados de Brasil en 1701. Anteriormente, una ermita había sido construida en 1634 y fue entregada en 1655 a la Orden de los Carmelitas.

Durante la construcción de la nueva residencia oficial de los obispos de Río en 1918 en Glória (palacio São Joaquim), el palacio episcopal de la Conceição, que había permanecido deshabitado, fue comprado por el ejército (1923).

La Conspiración Minera fue una revuelta abortada contra el colonizador portugués que tuvo lugar en 1789 en Minas Gerais. Fue liderada por Tiradentes, que fue denunciado y capturado en Río el 10 de mayo de 1789.

RÍO DE JANEIRO, EL MAYOR PUERTO DE ENTRADA DE ESCLAVOS DEL MUNDO

Se cree que la mitad de los esclavos africanos que fueron deportados al continente americano entraron por Brasil, que acogió a unos cuatro millones de esclavos durante los más de tres siglos que duró la esclavitud en el país.

En el siglo XIX, el muelle de Valongo vio pasar entre quinientos mil y un millón de esclavos, convirtiéndose en el mayor puerto de entrada de esclavos del mundo. Según los cálculos y hasta que se abolió la esclavitud, solo en Río se acogió alrededor de 20 % de todos los esclavos africanos que llegaron vivos al continente americano. Esto sitúa a la ciudad y al muelle de Valongo como referentes de lo que fue la mayor deportación de la historia de la humanidad.

El muelle de Valongo, que integra el Circuito Histórico y Arqueológico de la Celebración de la Herencia Africana de la ciudad, "se construyó para recibir a los esclavos y comercializar con ellos. Tras la llegada de la corte portuguesa a Río, en 1808, este comercio se volvió enojoso porque se vendía gente en la calle, gente con un trozo de tela tapándoles la entrepierna, gente vestida como animales (...)", explicaba el experto de África Alberto da Costa e Silva. El muelle, construido en 1811, cerró en 1831 y fue restaurado para recibir a Teresa Cristina, princesa de las Dos Sicilias, que se casó con Pedro II. Es por ello que también es conocido como el Muelle de la Emperatriz. Aunque fue enterrado en 1911 en el marco del proyecto de renovación urbana de la ciudad, en 2011 y 2012, durante unas obras de excavación en esa zona, se encontraron vestigios de la época de la esclavitud africana. "Hemos encontrado un amplio material cultural de las clases dominantes y de los esclavos africanos. Esta zona estaba impregnada de negritud y se hizo conocida como la pequeña África", un apodo que le dio el compositor y músico de samba Heitor dos Prazeres, según la arqueóloga Tania Andrade Lima.

Otros lugares de Río también forman parte del Circuito de la Herencia Africana: el Jardín Colgante de Valongo, creado a principios del siglo XX para borrar las huellas de la esclavitud, que está en el lado oeste de Conceição, en Rua do Camerino; el Largo do Depósito, actual Praça dos Estivadores, al principio de la Rua Barão de São Felix; la Pedra do Sal (piedra de sal), en Rua Argemiro Bulcão, a los pies del barrio de Conceição, un auténtico monumento de las tradiciones histórico-religiosas, donde se organizan conciertos de samba todas las semanas; el Centro Cultural José Bonifácio, en Rua Pedro Ernesto, 80, un espacio de divulgación y expansión de la cultura negra, situado en un edificio totalmente restaurado que Pedro I inauguró en 1876 como primer colegio público de Latinoamérica; y el Cemitério dos Pretos Novos (Cementerio de los Negros Nuevos), en Rua Pedro Ernesto, 36, descubierto por casualidad en 1996, que acoge los restos mortales de negros venidos de África, muertos antes de ser vendidos.

"¡SON HUESOS HUMANOS!"

En 1996, Merced Guimarães, directora del Instituto dos Pretos Novos (ver recuadro anexo), descubrió un auténtico yacimiento arqueológico enterrado en su casa: "La casa necesitaba una reforma. El primer día, el obrero llegó y nos contó que los antiguos propietarios debían de tener muchos perros porque el suelo estaba lleno de huesos. Cogí una mandíbula y vi que no se trataba de la de un perro, sino ¡de huesos humanos! Entonces la prefectura vino con arqueólogos y decidieron que era aquí donde estaba el Cemitério dos Pretos Novos".

"PARA QUE EL INGLÉS VEA..."

En 1831, el muelle de Valongo cerró tras la prohibición del tráfico transatlántico de esclavos, un tratado firmado bajo la presión de Inglaterra. Se ignoró la norma por completo y la ley se denominó irónicamente *Para inglês ver* (Para que el inglés vea), expresión que se sigue usando hoy para indicar que algo solo existe para guardar las apariencias. Con la promulgación de la ley Eusébio de Queirós, en 1850, se puso terminantemente fin al tráfico de esclavos hacia Brasil, aunque la última expedición conocida data de 1872 y la esclavitud duró hasta su abolición, en 1888.

El muelle de Valongo fue declarado patrimonio nacional en noviembre de 2013, cuando la Unesco consideró que el lugar formaba parte de lo que se llama la "Ruta de los esclavos", un proyecto creado en 2006 por el organismo para sacar a la luz el patrimonio material e inmaterial ligado al tráfico de esclavos en el mundo. En 2016, el Centro del Patrimonio Mundial de la Unesco aceptó la candidatura del muelle de Valongo como Patrimonio de la Humanidad.

Circulam pelas ladeiras do Morro
da Conceição várias histórias. Uma
delas conta que, quando o Edifício
A Noite foi fechado pelo governo
militar, as máquinas de escrever
foram jogadas pelas janelas e
emparedadas nos banheiros
públicos que ficam no sopé do
morro, na escadinha do Imaculada.

Alguns moradores aproveitaram a
oportunidade e levaram máquinas
para suas casas. Temos uma delas
emprestada por um dos
descendentes e contador de
histórias.

LA MÁQUINA DE ESCRIBIR DEL BAR IMACULADA

⑤

Ladeira do João Homem, 7
Morro da Conceição
• Tel.: (21) 2253-3999 • www.barimaculada.com.br
• Abierto de lunes a sábado de 11 a 22 h
• Bus: 119, 177, 222

El día
en que unas
máquinas
de escribir volaron
por las ventanas

En el simpático bar Imaculada, una vieja máquina de escribir ocupa un nicho del muro de la derecha, cerca de la escalera que lleva a la entreplanta. Unos viejos vecinos del lugar cuentan que el 1 de abril de 1964, al día siguiente del golpe de Estado militar del 31 de marzo, durante la invasión de Radio Nacional por fusileros marinos, unas máquinas de escribir volaron por las ventanas de la radio que se encontraba dentro del edificio A Noite, muy cerca del bar actual. Según los testimonios, los trabajadores de la radio las lanzaron con el fin de destruirlas, porque sus cintas podrían haber revelado lo que habían escrito. Estas cayeron al lado de la escalera que da acceso al bar y algunos vecinos se las llevaron a casa. Una de estas máquinas, prestada por uno de estos vecinos, es la que está en el bar Imaculada.

Radio Nacional, fundada en 1936 y nacionalizada en 1940 por el gobierno federal, tuvo un papel importante en la integración del país al transmitir en todo el territorio brasileño. En la época era considerada la mayor emisora de Latinoamérica: difundía un gran número de artistas muy populares, emitió la primera radionovela del país, innovó con programas de humor y fue la pionera en el periodismo radiofónico moderno. El declive de Radio Nacional empezó con la aparición de la televisión y se acentuó con el golpe de Estado militar de 1964, lo que provocó que 67 de sus colaboradores fuesen despedidos y que otros 81 fuesen sometidos a una investigación.

A NOITE: EL EDIFICIO MÁS ALTO DE LATINOAMÉRICA HASTA 1934

La radio estaba (y sigue estando) en las últimas plantas de un icono de la arquitectura brasileña, inaugurado en 1929 y construido para albergar la sede del periódico A Noite. Ubicado en la Praça Mauá, 7, el edificio A Noite (22 plantas y 102 metros de altura) es un proyecto *art déco* del arquitecto francés Joseph Gire (también autor del hotel Copacabana Palace y del Palácio Laranjeiras) y del arquitecto brasileño Elisário Bahiana. Construido en hormigón armado, inspiró la edificación de numerosos edificios modernos en el país. En 1934, con la inauguración del edificio Martinelli en São Paulo (105 m), dejó de ser el más alto de Latinoamérica.

Durante décadas, fue el lugar de encuentro de las personalidades de Radio Nacional y de los que frecuentaban los restaurantes y la terraza del tejado. Hasta la inauguración del Cristo Redentor, en el Corcovado, en 1931, la última planta del edificio era el principal mirador de la ciudad. En los años 1970, sufrió numerosos deterioros.

PANELES DE DI CAVALCANTI SOBRE LA PRENSA

❻

Centro Cultural Light
Avenida Marechal Floriano, 168
• Tel.: (21) 2211-4515 • ccl@light.com.br
• De lunes a viernes de 11 a 17 h • Entrada gratuita
• Metro: Presidente Vargas

*Pintura
para deficientes
visuales*

En el Centro Cultural Light, en pleno centro, cuatro paneles de una serie de cinco, realizados por el célebre pintor modernista Di Cavalcanti y que ilustran el trabajo de la prensa, pueden ser "vistos" por deficientes visuales. Más allá de las leyendas en portugués y en braille que explican la obra, hay otros paneles en bajorrelieve que permiten a los invidentes comprender el dibujo de cada uno de los paneles pasando las manos sobre las pequeñas reproducciones de mármol.

El elemento principal de la *Composición Río* –el nombre del conjunto de los paneles– es el reportero, representado por un hombre con dos rostros girados en direcciones opuestas, atento a los hechos y a cómo se transforman en información. Esta dualidad está simbolizada por el sol y la luna y expresa el paso del tiempo en el trabajo del periodista. Sobre estos paneles restaurados y en perfecto estado, Di Cavalcanti describe con su vibrante estética y la utilización de muchos colores, el ritmo intenso de las salas de redacción y resalta la importancia de la prensa en la sociedad. Muestra asimismo la diversidad de información y de emociones que provoca, el lugar de la justicia y la riqueza de la cultura brasileña.

Samuel Wainer, fundador y propietario del diario Última Hora cuya sede está en Río, encargó los paneles al artista para celebrar el primer aniversario del periódico en 1952. Permanecieron en la redacción hasta 1970, fecha en la que Wainer, que atravesaba dificultades financieras, puso los paneles a la venta. Cuatro de ellos fueron comprados por Light. Después de haber estado en distintos sitios durante años, hoy se exponen de forma permanente en una sala especial del Centro Cultural Light, inaugurada a mediados de 2014 (una foto del quinto panel también forma parte de la exposición).

Emiliano Augusto Cavalcanti de Albuquerque e Melo (1897-1976), importante pintor modernista, dibujante, ilustrador y caricaturista fue el director de la Semana de Arte Moderno en 1922. Amigo de Picasso, Matisse y Jean Cocteau, conocido como "el pintor de los mestizos", Di Cavalcanti decía: "No podría vivir sin Río de Janeiro, porque todo lo que veo como pintor forma parte del paisaje carioca".

El diario Última Hora era una referencia del periodismo brasileño, gracias a sus innovaciones técnicas y gráficas. Según palabras de Samuel Wainer, era "un periódico de oposición a la clase dirigente y a favor del gobierno" (el de Getúlio Vargas). Fundado el 12 de junio de 1951, fue vendido a la *Folha de São Paulo* en 1971 y dejó de publicarse definitivamente en 1991.

ESTATUA DE SAN DIMAS ❼

Iglesia de São Gonçalo Garcia e São Jorge
Rua da Alfândega, 382
Abierto de lunes a viernes de 7 a 16.30 h, sábados de 7.30 a 11.30 h,
domingos de 8 a 11 h

Una curiosa representación del buen ladrón que fue crucificado con Jesús

A la derecha de la entrada principal de la iglesia de São Gonçalo Garcia e São Jorge, observando con atención, se ve la estatua de un hombre en la cruz. Contrariamente a lo esperado, esta no representa a Cristo: a los pies de la cruz se lee el nombre de São Dimas (san Dimas).

Aunque su nombre no aparece en los evangelios canónicos, sí se encuentra en el evangelio de Nicodemo, el discípulo de Jesús que ayudó a José de Arimatea en el descendimiento de la cruz y la sepultura de Jesús. Celebrado el 12 de octubre en Oriente y el 25 de marzo en Occidente, Dimas fue el primer santo canonizado de la historia de la Iglesia por haberse convertido en la Cruz, justo antes de morir.

Estando Dimas, Jesús y Gestas (el mal ladrón, cuyo nombre aparece en el evangelio de Nicodemo) en la cruz, el mal ladrón empezó a insultar a Jesús.

"¿No eres tú el Mesías? Sálvate a ti mismo y a nosotros".

Dimas le reprendió entonces: "¿Ni siquiera temes a Dios, tú que sufres la misma pena que él? Nosotros la sufrimos justamente, porque pagamos nuestras culpas, pero él no ha hecho nada malo". Añadió: "Jesús, acuérdate de mí cuando vengas

a establecer tu Reino". Viendo que estaba arrepentido de sus pecados y que había reconocido en Jesús al Salvador, Jesús le dijo justo antes de morir: "Estarás conmigo en el Paraíso". (Lc 23, 40).

Según la tradición, Dimas también aparece en la huida a Egipto, durante la que dos ladrones, uno de ellos Dimas, robaron el dinero y el asno a la Sagrada Familia. Conmovido por su pobreza en el camino del exilio, Dimas les devolvió sus bienes. El Niño Jesús se lo agradeció prometiéndole que lo recordaría, y así lo hizo en la cruz.

EL LAGARTO DE LA FUENTE DE LA RUA FREI CANECA

8

Esquina Rua Caneca con Rua Salvador de Sá

Un lagarto olvidado

Al pasar por la Rua Frei Caneca, donde se cruza con la Rua Salvador de Sá y rodea el cerro, enfrente de la comisaría de policía y del sambódromo, es fácil no ver el lagarto que descansa en el centro de un nicho y cuya finalidad era abastecer la zona de agua.

El agua salía por la boca del lagarto y se almacenaba en una pileta, hoy invadida por una vegetación que cubre al lagarto y lo protege. No se trata del original, de bronce, sino de una copia de acero. Encima del nicho, hay un medallón ovalado con la siguiente frase en latín: "Sitienti Populu – Senatus Profusit Aquas – Anno MDCCLXXXVI" ("Al pueblo sediento, el Senado le dio agua en abundancia – Año 1786"). La inscripción grabada no menciona al autor de la escultura del pequeño reptil: Mestre Valentim (1745-1813).

Por la capacidad de regeneración de su cola, y porque hiberna, el lagarto se asocia a la sanación y a la resurrección, también vinculada al agua de la fuente.

EN LOS ALREDEDORES

MUSEO HISTÓRICO DE LA POLICÍA MILITAR

9

R. Marquês de Pombal, 128
- Tel.: (21) 2332-6668 o (21) 2242-4059
- De martes a jueves de 9 a 16 h
- Entrada gratuita

A dos minutos andando del lagarto, el museo de la Policía Militar, situado en una preciosa casa grande del siglo XIX, exhibe objetos y documentos ligados a la historia de la policía de Río de Janeiro. Entre los principales objetos cabe destacar la colección de armaduras de los siglos XV y XVI, traídas por la corona portuguesa en 1808, la de las armas antiguas así como una sala dedicada a la guerra de Paraguay, con un perro disecado que también participó en el conflicto bélico.

FACHADA DE LA ANTIGUA FÁBRICA DE PERFUMES Y JABONES LAMBERT ⑩

Rua do Senado, 244-246
• Metro: Central

Una extraordinaria fachada olvidada

La olvidada fachada azul y blanca situada en el número 244-246 de la Rua Senado es una de las más bonitas de la ciudad. Está en muy buen estado de conservación y presenta en la primera planta una preciosa escultura de mujer con, en su mano derecha, un martillo que descansa sobre un yunque y, en su mano izquierda, una escuadra y un compás.

Edificado en 1920, el edificio albergó antaño la antigua fábrica de perfumes y jabones Lambert, como lo señala Luiz Eugênio Teixeira Leite en su extraordinario libro *O Rio que o Rio nao vê* (no traducido). El yunque y el martillo remiten a la antigua actividad industrial (en el sentido de fabricación industrial de bienes de consumo) de este lugar. La escuadra y el compás, que simbolizan a primera vista el trabajo del arquitecto, también son símbolos masones.

En la simbología masónica, el compás es el símbolo del espíritu, y la escuadra, símbolo de la materia, indica "la rectitud en la acción". Cuando se colocan ambas herramientas en forma de cruz, manifiestan el equilibrio entre las fuerzas espirituales y materiales, una condición necesaria para alcanzar la iluminación espiritual. Esta iluminación está representada en la jerarquía masónica por el tercer grado de Maestro Masón, donde el compás se coloca sobre la escuadra (como aquí), indicando así que la espiritualidad ha vencido a la materia.

¿Será este el significado de la corona de laurel (símbolo de victoria) que lleva la mujer sobre su cabeza? Asimismo, la concha grande, esculpida encima de la mujer, se relaciona a menudo, por su forma, con el órgano sexual femenino. Su presencia remitiría también a la victoria del espíritu sobre los instintos sexuales (materiales) que habitan en el ser humano.

MUSEO DE LOS BOMBEROS ⓫

Praça da República, 45
Centro
• Abierto de martes a viernes de 9 a 17 h

> **Toda
> la historia
> de los bomberos
> de Río**

Abierto desde 1977, el museo de los Bomberos (nombre completo: Museo Histórico del Cuerpo de Bomberos Militares del Estado de Río de Janeiro) tiene un doble interés: presenta de un modo didáctico la historia del cuerpo de bomberos desde que Dom Pedro II lo creó en 1856 y permite también entrar en el precioso y monumental cuartel de bomberos de la Praça da República y sentir un poco el ambiente de un cuartel en activo, así como observar un poco más de cerca el muro de escalada artificial, al fondo del patio principal, donde los bomberos se entrenan.

El museo en sí, situado en un precioso edificio de vidrio y acero, exhibe distintos modelos de camiones y cascos de bomberos y relata una parte de la historia de la lucha contra el fuego en Río.

Se descubre así que hasta 1879/1880 se alertaba de los incendios en Río de varias maneras: con un cañonazo desde el Morro do Castelo (hoy desaparecido), con campanadas de la iglesia de la parroquia donde se había declarado el incendio y con campanadas de la iglesia de São Francisco de Paula. A partir de 1879-1880 se instalaron 12 avisadores de incendios en el centro, para ser activados por la primera persona que descubriese un incendio.

El cuartel de la Praça da República se construyó en 1908 según los planes del mariscal Francisco Marcelino de Souza Aguiar.

EN LOS ALREDEDORES:

Justo en la entrada a la derecha del cuartel, se pueden ver unas notas musicales dibujadas sobre la acera. Corresponden al himno de los bomberos.

LAS REPRODUCCIONES DE CERA DEL MUSEO DE LA POLICÍA CIVIL

⑫

Rua da Relação, 40
• www.policiacivil.rj.gov.br/museu/museo1.htm
• Abierto de lunes a viernes de 10.30 a 17 h

> *Un museo abierto a pesar de las obras*

Contrariamente a lo que se suele creer, el museo de la Policía Civil (Museu da Polícia Civil) no está cerrado, a pesar de las interminables obras del magnífico edificio principal, inaugurado en 1910. Sin embargo, no expone toda su colección histórica, como los objetos relacionados con los los rituales espiritistas o con el candomblé, que están guardados en los almacenes.

Entre los objetos expuestos, además de armas y uniformes, hay documentos falsificados, pero también impresionantes reproducciones en cera de rostros y partes del cuerpo creadas por el doctor Alberto Baldissara. La idea era conservar el rastro más realista de las víctimas de crímenes violentos, con el fin de facilitar la investigación forense.

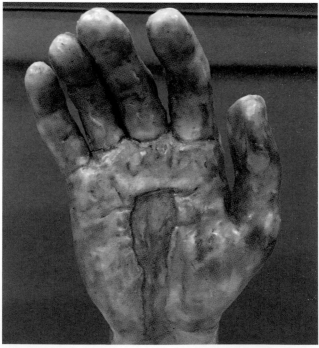

EL BRAZO DERECHO DE LA ESTATUA DE NOSSA SENHORA DOS PRAZERES

Iglesia dos Inválidos, 42, Centro (esquina con Rua do Senado)
- Tel.: (21) 2222-2586
- Abierto de lunes a viernes de 7.30 a 17 h. Sábados de 7.30 a 12 h
- Domingos de 7 a 12 h
- Entrada gratuita
- Bus: 126, 161, 201, 433, 464

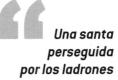

Una santa perseguida por los ladrones

Entrando en la iglesia de Santo Antônio dos Pobres (San Antonio de los Pobres), a la derecha, el primer altar lateral, dedicado a Nossa Senhora dos Prazeres (Nuestra Señora de los Placeres), tiene una estatua de la santa que en el siglo XVIII estaba en el oratorio que lleva su nombre, en el Arco do Teles, en la Praça XV. En torno a 1830, un feligrés, Manoel Machado de Oliveira, la trasladó aquí para alejarla de los borrachos, ladrones y vándalos que frecuentaban los alrededores de la Praça XV.

En 2013, con cierta ironía, un ladrón hizo de nuevo de las suyas: para entrar en la iglesia, rompió la vidriera situada detrás del pequeño altar y rompió el brazo derecho de la estatua al apoyarse en ella. La estatua ha sido reparada pero, para recordar este lamentable acto, no han vuelto a pintar el brazo, algo que se ve fijándose bien, y el trozo de vidriera ha sido reemplazado por otro, totalmente diferente al original y a los del resto de la vidriera.

La iglesia original, de estilo barroco, fue inaugurada en 1811. En  1831, al resultar demasiado pequeña y al estar en mal estado, se construyó una segunda iglesia, en el mismo estilo. Fue restaurada en 1854 y se instalaron losas de hormigón de cal hidráulica en el suelo. Pero las constantes inundaciones del barrio dañaron los cimientos y los muros, razón por la cual se construyó una nueva iglesia –la tercera– en el mismo sitio entre 1940 y 1949. Conserva no obstante un estilo neorrománico y sus vidrieras, que describen la vida de san Antonio, están situadas a 1,20 m por encima del nivel de la calle, con el fin de evitar las inundaciones.

EL SUELO ABOMBADO DE LA IGLESIA DEL SANTÍSSIMO SACRAMENTO DA ANTIGA SÉ 🔟

Av. Passos, 50
• Abierto de lunes a viernes de 8 a 16.30 h. Domingos de 8.30 a 14 h

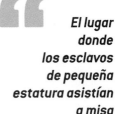

El lugar donde los esclavos de pequeña estatura asistían a misa

Al entrar en la iglesia del Santíssimo Sacramento da Antiga Sé (iglesia del Santísimo Sacramento de la Antigua Catedral), no se observa enseguida que el suelo de cerámica, que data del siglo XIX, de la nave de la iglesia tiene un ligero relieve de tres por cuatro metros de largo.

Contrariamente a lo que se podría pensar, no hay nadie enterrado debajo. Este relieve es voluntario y permitía que los esclavos de pequeña estatura (por debajo de 1,60 m) pudiesen ver la misa estando de pie. Los esclavos de mayor estatura también permanecían de pie, detrás.

Consagrada en 1859, es decir, antes de la abolición de la esclavitud ("Lei Áurea" de 1888), la iglesia conoció los últimos años de la esclavitud y fue diseñada por lo tanto en base a ello: los esclavos permanecían de pie, detrás. Sentados, delante, estaban los burgueses y los comerciantes, a la izquierda los *fazendeiros* (terratenientes) y a la derecha las hermandades religiosas, como la del Santíssimo Sacramento da Antiga Sé, fundada entre 1567 y 1569, que

mandó construir esta iglesia.

Cabe observar que las tres últimas filas de bancos de los *fazendeiros* tienen grabado un detalle pequeño y significativo al principio del banco: una, dos o tres 'x', según la riqueza de las posesiones de su hacienda. Pasa lo mismo con las hermandades, sus bancos tienen grabados los números en latín I, II y III, según la riqueza de las posesiones de la hermandad.

La nobleza asistía a misa en la primera planta, en los palcos que hay a cada lado del coro.

La iglesia también posee la pila bautismal más antigua de Río. Al fondo a la derecha, es de admirar la encantadora capilla de Nossa Senhora da Piedade (Nuestra Señora de la Piedad) cuyo techo se cae a pedazos.

FACHADA DEL ESPACIO FRANKLIN   **15**
Avenida Passos, 36

> *El pavo real centenario del centro de la ciudad*

El edificio situado en el número 36 de la Avenida Passos, a unos metros de la iglesia del Santíssimo Sacramento da Antiga Sé, es una de las joyas arquitectónicas de la ciudad. Pero está en una calle con aceras relativamente estrechas y muy transitadas, y es fácil pasar delante de este edificio, construido en 1911, y no verlo. Su espectacular fachada está decorada con trece vidrieras francesas que forman un dibujo que recuerda a la cola de un pavo real. Cada "pluma" contiene una letra y, al unirlas, forman las palabras "Casa Franklin". Un águila de bronce, con una luminaria en su pico, corona la fachada muy elaborada y con elementos *art nouveau*. Cuando se construyó, el edificio era un establecimiento de venta de ferretería y material eléctrico. Hoy es un espacio que se puede alquilar para organizar grandes eventos y fiestas.

EN LOS ALREDEDORES:

MUSEO DE LA BIBLIA   **16**
Rua Buenos Aires, 135
• Abierto de lunes a viernes de 9 a 18 h

Una tienda de libros religiosos alberga en la primera planta, un espacio con un amplio ventanal, un pequeño museo dedicado a la Biblia. En él se pueden encontrar interesantes explicaciones sobre los orígenes de la Biblia, como el hecho de que esté traducida a más de 2300 idiomas diferentes (hay una Biblia en guaraní y otra en tupana ehay, la lengua de una tribu indígena del norte de Brasil), así como algunos objetos insólitos: una piedra originaria del monte Sinaí, dos recipientes con agua del mar Muerto y, sobre todo, perfumes de la época bíblica que se pueden oler (a los niños les encanta), como la famosa mirra de los Reyes Magos.

PANELES DE DI CAVALCANTI EN EL TEATRO JOÃO CAETANO ⓱

Teatro João Caetano
Praça Tiradentes, s/n
• Abierto durante los espectáculos
• Metro: Carioca

Las dos primeras pinturas modernistas de Brasil

Inaugurado en 1813 antes de ser objeto de una profunda reforma durante los dos siguientes siglos, el teatro João Caetano custodia en el vestíbulo de la primera planta dos preciosas pinturas de Di Cavalcanti: pinturas al óleo sobre mortero que datan de 1929.

Tituladas *Samba* y *Carnaval*, estas pinturas no son muy conocidas de los cariocas: el vestíbulo se encuentra detrás del balcón de la primera planta y está poco frecuentado, a pesar de la presencia de carteles que narran la historia del teatro y pese a que es un paso obligado para ir a los servicios desde el balcón de la primera planta.

Las propias pinturas han sido restauradas muchas veces: la última intervención se remonta a 1995.

Altamente influenciadas por el muralismo mexicano de Orozco y Siqueiros, las obras presentan personajes mestizos bailando samba al son de flautas, *pandeiro* (pandereta), tamboril, guitarra y *cavaquinho* (ukelele). Se trata probablemente de las dos primeras pinturas modernistas de Brasil. Este movimiento buscaba, a partir de los años 1920, integrar las raíces brasileñas a las temáticas de la música, la literatura y las artes en general.

Esa década fue un periodo fértil que conoció los inicios de Di Cavalcanti, Portinari y Tarsila en las artes visuales, de los poetas Drummond y Bandeira y de los escritores Jorge Amado, Graciliano Ramos y Raquel de Queiroz. Es también la década de la música de Villa-Lobos. Brasil ampliaba sus conocimientos e incorporaba al eje Río-São Paulo la creatividad presente en otras regiones del país. Fue aquí donde intervino la figura polifacética de Di Cavalcanti, pensador, conversador y artista.

Di Cavalcanti, nacido en Río de Janeiro, escribió incluso un libro que reflejaba su personalidad y su amor por la ciudad de Río: *Reminiscencias líricas de un perfecto carioca*. Le encantaba la vida cotidiana de la ciudad y buscaba representar en su obra la pasión que sentía por los movimientos rítmicos de la samba, por el encanto colorido del carnaval y por las "peligrosas" curvas de las mujeres mestizas, tema recurrente en su pintura.

ESTATUA DE JOÃO CAETANO ⓲

Teatro João Caetano
Praça Tiradentes, s/n
• Metro: Carioca

L a estatua del actor João Caetano, enfrente del teatro João Caetano, estaba originalmente delante de la fachada de la Academia Imperial de Bellas Artes (ver aquí abajo), a unos metros del teatro. En 1916 quitaron la estatua, con motivo de una reforma que realizó el Banco do Brasil. El actor está vestido de "Oscar, hijo de Ossian", uno de sus personajes más famosos.

Una estatua que se muda

Para más información sobre el teatro, ver página siguiente.

LOS VESTIGIOS DE LA ACADEMIA IMPERIAL DE BELAS ARTES

Inaugurada en 1826, la Academia Imperial de Bellas Artes era considerada el edificio más bonito de Río de Janeiro. Proyectada por el "padre" de la enseñanza de la arquitectura en Brasil, Grandjean de Montigny, fue derruida en 1938. Por muy increíble que parezca, no se ha construido nada en su lugar...

Además de la estatua de João Caetano, también se conservó el portón de entrada de la Academia. Hoy está en el Jardín Botánico (ver p. 120).

El último vestigio, más discreto, es la plaza semicircular que está en la esquina de la Travessa das Belas Artes y de la Rua Imperatriz Leopoldina. La plaza, proyecto deseado por Montigny desde 1836 con el fin de tener una mejor vista de la Academia, sobre todo de su magnífico portón de entrada, no quedó terminada hasta 1847. La Rua Imperatriz Leopoldina se inauguró tres años más tarde, en 1850. Era la primera vez que se usaba una forma circular en una plaza de Brasil.

LA MALDICIÓN DEL TEATRO JOÃO CAETANO

Inaugurado en 1813, una parte del teatro João Caetano se construyó con piedras que estaban originalmente destinadas a la construcción de la catedral del Largo São Francisco de Paula (hoy sede del Instituto de Filosofía y Ciencias Sociales, a pocos metros).

Al interrumpirse las obras de la catedral, se reutilizaron las piedras para construir los cimientos del teatro. Algunos lo vieron como un sacrilegio que habría provocado la maldición que pesa sobre el teatro: sufrió tres incendios en menos de treinta años —en 1824, en 1831 y en 1839—.

Destruido y reconstruido en 1928 en estilo *art déco* (ver foto), se volvió a reconstruir en 1978 para convertirse en lo que es hoy.

Para algunos, el edificio actual es un auténtico horror arquitectónico en el corazón de la ciudad y la maldición que se cierne sobre el teatro siempre estará presente: ¿cómo explicar sino que después de haber tenido cuatro diferentes y atractivas vidas (tres clásicas y una *art déco*), su arquitectura actual sea tan poco armoniosa? ¿No sería mejor destruirlo por completo de una vez por todas y así ampliar la perspectiva entre la Praça Tiradentes y el Gabinete Real de Leitura?

ALQUILAR ESCLAVOS PARA IR AL TEATRO...

En la época colonial, el teatro fue durante mucho tiempo un símbolo de estatus social: estaba bien visto ir al teatro acompañado de esclavos para demostrar su estatus. Los que no tenían esclavos podían incluso alquilarlos para la velada, para aparentar que eran ricos.

LA ROSA DE ORO DEL MUSEO ARCHIDIOCESANO DE ARTE SACRO

⑲

Museo archidiocesano de Arte Sacro
Catedral Metropolitana de São Sebastião
Av. República do Chile, 245
• www.catedral.com.br
• Miércoles de 9 a 12 h y de 13 a 16 h. Sábados y domingos de 9 a 12 h.
El resto de los días visita únicamente previa reserva llamando al (21)
2240-2269, (21) 2240-2869 o (21) 2262-1797 (la catedral se visita
gratuitamente todos los días de 8 a 17 h) • Entrada: 2 R$
• Metro: Carioca

> *La Rosa*
> *de Oro*
> *de la princesa*

Situado en el subsuelo de la catedral, el muy discreto (y poco visitado) museo archidiocesano de Arte Sacro de Río de Janeiro reúne más de 5 000 piezas de arte religioso. Entre ellas se encuentra una obra muy particular. Al fondo del museo, a la izquierda, el visitante curioso encontrará una Rosa de Oro ofrecida a la princesa Isabel (1846-1921), hija del emperador Pedro II, por el papa León XIII (1810-1903). La rosa, que de hecho es un ramo, se compone de un tallo de 45 cm de altura, 12 ramas, 24 espinas, doce botones y 124 hojas. Está colocada dentro de un jarrón de plata dorada, de estilo neoclásico.

El 29 de mayo de 1888, días después de que la princesa, entonces temporalmente regente del Imperio de Brasil, hubo firmado la Ley Áurea del 13 de mayo que abolía la esclavitud (Brasil es el último país independiente de América en haber liberado a sus esclavos), León XIII firmó la carta de concesión de la Rosa de Oro, en la que expresaba lo siguiente: "No mires el precio del objeto ni su valor, pero atiende los misterios más sagrados que representa". Señalaba igualmente que la flor simboliza la majestad de Cristo y que su perfume "impregna a distancia a todos aquellos que imitan escrupulosamente sus virtudes".

La familia imperial brasileña conservó la Rosa de Oro de la princesa Isabel y la donó a la catedral metropolitana de Río de Janeiro con motivo del centenario del nacimiento de la princesa.

¿QUÉ ES LA *ROSA DE ORO*?

La rosa de oro es un ornamento sagrado, generalmente representado por una rosa (a veces un rosal) de oro puro. Todos los años, el Papa entregaba una *rosa de oro* a un soberano, a lugares de culto o de o a una comunidad, con objeto de honrarles. Muchos de estos objetos preciosos fueron fundidos para recuperar el oro y, hoy sólo existe un número reducido de rosas de oro como la del tesoro de la basílica de San Marcos (ver a continuación), la del Museo de Cluny en París (ver foto a continuación), la del Palazzo Comunale de Siena (Toscana), las dos de la sala del tesoro del palacio Hofburg (Viena - Austria), la de la catedral de Benevento y la del Museo Sagrado de la Biblioteca Vaticana. Los Papas han otorgado recientemente rosas de oro a Lourdes (Juan-Pablo II), a la basílica brasileña de Nuestra Señora Aparecida (1967 y 2007) y al santuario de Guadalupe en México. La primera mención de la rosa de oro data de 1049, en una bula de León IX. Sin embargo, la referencia más antigua de una rosa de oro concedida por el Papa data de finales del siglo XI. En 1098-99, el papa Urbano II le otorgó una al conde Foulques de Anjou, tras predicar la primera cruzada. Además de su parte honorífica, la rosa de oro transmite asimismo un mensaje espiritual, tal y como lo confirma la carta que acompaña a la condecoración: siendo la rosa considerada la más hermosa y la más aromática de las flores, su entrega recuerda que el Papa desea, de este modo, que el perfume divino de la rosa impregne el espíritu y el corazón del o de los que la reciben.

EL BLOQUE DE HORMIGÓN DE LA PISTA DEL GALEÃO QUE BESÓ EL PAPA JUAN PABLO II

En la colección del museo, otras dos piezas llaman la atención. Cuando Juan Pablo II vino por primera vez a Río, tras bajar a la pista del aeropuerto internacional Galeão el 1 de julio de 1980, besó el suelo como de costumbre. El bloque de hormigón besado se encuentra hoy en el museo. Una vitrina cercana a esta pieza alberga "el anillo del papa".

Durante la misma visita de 1980, mientras recorría la favela de Vidigal, sacó de su dedo el anillo de oro y lo donó a la comunidad. Desde 1982, esta joya forma parte de la colección del museo.

La archidiócesis mandó fabricar una réplica en plata, que estaba expuesta en la capilla de São Francisco de Assis (san Francisco de Asís), construida por los habitantes de Vidigal en régimen comunitario, justo con motivo de la visita del papa. El anillo fue robado años más tarde, y se fabricó una nueva réplica. Por razones de seguridad, ahora el anillo está vigilado por turnos por un pequeño grupo de vecinos.

Como consecuencia de este robo, la capilla, que se había convertido en "la capilla del papa", ha sido protegida con un muro. Hoy abre cada quince días para las misas.

LOS PANELES DE AZULEJOS
DEL CLUB DE LOS DEMÓCRATAS

Rua do Riachuelo, 93
Lapa

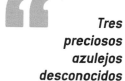

Tres
preciosos
azulejos
desconocidos

Construida en 1930 por Sebastião Oliveira, la sede del Club de los Demócratas, una de las asociaciones carnavalescas más importantes de Río de las primeras décadas del siglo XX, luce en lo alto de su fachada tres preciosos y desconocidos azulejos. Muestran temas como Pierrot y Colombina y dos coristas bailando frente a Charlie Chaplin. Se atribuye el dibujo de estos azulejos al caricaturista Trinas Fox.

En el vestíbulo, unas bonitas imágenes de mujeres en estuco policromo en relieve ilustran a bailarinas vestidas con poca ropa, poniendo de manifiesto el carnaval.

La puerta de entrada también muestra, gracias a sus líneas geométricas y su estética depurada, la unión entre la caricatura figurativa de elementos carnavalescos y la propuesta de una arquitectura aerodinámica, según los patrones *streamline* típicos de una metrópolis moderna.

LA SALA DE CONCIERTOS DE LA ESCUELA ㉑ DE MÚSICA

Rua do Passeio, 98
Lapa
• Abre esporádicamente con motivo de conciertos públicos y gratuitos
• Consultar la web: www.musica.ufrj.br
• Metro: Cinelândia

Aunque los cariocas conocen el edificio de la Escuela de Música de Río (Escola de Música), pocos son los que han cruzado sus puertas. Qué lástima, porque la preciosa fachada de la escuela, contigua a la del Automóvil Club, ofrece uno de los interiores más bonitos de la ciudad, en un ambiente *vintage* y delicioso.

Una joya olvidada

Para entrar, basta con consultar el programa de conciertos gratuitos que se celebran regularmente en la escuela. Tras subir la monumental escalera, se llega primero a un encantador vestíbulo que está enfrente de la sala de conciertos. La sala merece el desvío: su terraza ofrece unas simpáticas e inusuales vistas del centro de Río, pero tiene sobre todo cuatro preciosas pinturas sobre el tema de la música, ejecutadas en 1922 por Antônio Parreiras. Valen sobre todo la pena *Osiris - inventor de la flauta* y *Siete notas*, especialmente logradas en un estilo *art nouveau*.

La sala de conciertos es una de las más importantes del país, conocida por la calidad de su acústica. Se inspira en la sala Gaveau de París.

En 1889, con la proclamación de la República, el antiguo conservatorio, creado en 1848, se convirtió en el Instituto Nacional de Música cuyo primer director fue el compositor Leopoldo Miguéz (1850-1902), quien dio su nombre a la sala de conciertos. Tras ser nombrado director, viajó a Europa para visitar varios conservatorios y observar los distintos métodos de enseñanza existentes. El instituto se trasladó a su sede actual en 1913. El edificio actual data de 1922.

ESTATUA *INVIERNO* DEL PASSEIO PÚBLICO ㉒

Entrada por la Rua do Passeio, entre Lapa y Cinelândia
Abierto todos los días
• Entrada gratuita
• Metro: Cinelândia

"*Una estatua que desaparece, es santificada y vuelve a aparecer*"

La estatua *Invierno* del Passeio Público (Paseo Público), instalada originalmente en 1861 junto con otras tres obras (juntas representan las cuatro estaciones), desapareció, en una fecha indeterminada, durante mucho tiempo en el siglo XX.

Hallada en 2000 en el jardín del Centro Cultural Laurinda Santos Lobo, en Santa Teresa, volvió al Passeio ese mismo año. Se cuenta que cuando la sacaron del centro cultural, unas creyentes del barrio pidieron curiosamente que la "santa" permaneciese ahí, porque rendían culto a la que ellas llamaban "Nuestra Señora del Hierro".

UN OLOR FÉTIDO QUE PROVOCÓ LA REFORMA DEL PARQUE

Construido en estilo francés en el siglo XVIII por maese Valentim da Fonseca e Silva (1745-1813), el Passeio Público fue objeto de una gran reforma tras la embarazosa visita del príncipe Maximiliano de Austria, en enero de 1860. Este, al ir a la terraza que disponía de un mirador con una magnífica vista sobre la bahía de Guanabara, no soportó el olor fétido que allí había y se tapó la nariz con un pañuelo.

D. Pedro II decidió entonces reformar el parque y se contrató a un botánico y paisajista francés, Auguste Glaziou (1833-1906), llamado el "paisajista del Imperio" por sus numerosos proyectos en Río, para que se encargara de la reforma. Con Glaziou, los jardines adoptaron un estilo inglés. Taló numerosos árboles, plantó otros de gran tamaño, que hoy siguen allí, y colocó las estatuas que representan las cuatro estaciones, fundidas en Val d'Osne en Francia.

UN PARQUE PÚBLICO QUE ESTABA AL BORDE DEL MAR

El Passeio Público se construyó sobre el terraplén de la laguna de Boqueirão da Ajuda, considerado una "ciénaga hedionda", que se encontraba a orillas del mar y cuyas riberas eran muy frecuentadas. Con la apertura de la Avenida Beira-Mar en 1906, se alejó de la costa. Esta distancia aumentó con la inauguración del Aterro do Flamengo (terreno ganado al mar) en 1965.

LOS VESTIGIOS DE UNA FUENTE QUE RECUERDA EL AMOR PROHIBIDO DEL VIRREY

Al fondo del parque está lo que queda de la fuente de los Amores. Proyectada por maese Valentim, este se habría inspirado de la pasión del virrey Luís de Vasconcelos (1742-1809) por Suzana, una joven pobre que vivía en una choza, al borde de la laguna. Unos elementos de la fuente, también conocida como Chafariz dos Jacarés (Fuente de los Cocodrilos), simbolizan a los personajes de este romance. Dos siglos después, su historia sirvió de inspiración a la escuela de samba Portela, que la cantó en el carnaval de 1988 con el nombre de "Leyenda carioca: los sueños del virrey".

La fuente de los Cocodrilos, las dos pirámides que están frente a ella y el portón de entrada son los elementos de referencia que sirvieron para declarar patrimonio nacional al Passeio Público.

EL PRIMER PARQUE PÚBLICO DE LAS AMÉRICAS

Inaugurado en 1783, casi cien años antes que Central Park en Nueva York, el Passeio Público fue el primer parque público de las Américas.

LOS SECRETOS DEL INSTITUTO HISTÓRICO Y GEOGRÁFICO BRASILEÑO ㉓

Avenida Augusto Severo, 8, Glória
• www.ihgb.org.br
• Visitas de lunes a viernes de 13 a 17 h, previa reserva llamando al (21) 2252-4430 o (21) 2505-5107
• Entrada gratuita
• Metro: Cinelândia

> *El mojón más antiguo de Brasil, un torno de expósitos, unas vistas espectaculares...*

El IHGB (Instituto Histórico y Geográfico Brasileño), edificio olvidado del centro de Río, aunque está oficialmente en Glória, puede visitarse mediante reserva. Posee tres elementos especialmente interesantes y desconocidos de Río.

El Salón Noble del Instituto Histórico y Geográfico Brasileño guarda un tesoro de la historia del país: el mojón de Cananéia, el más antiguo de Brasil. Según los estudios, este mojón de piedra, grabado con una cruz patada (la misma que la de los templarios) y el escudo de Portugal, servía para delimitar el territorio donde los jesuitas ejercían la catequesis. Originalmente las carabelas que partían de Portugal y que regresaban cargadas de madera usaban estos mojones como lastre. Se cree que la expedición liderada por Gaspar de Lemos (cuyo cartógrafo era Américo Vespucio, a quien se rindió homenaje llamando América al nuevo continente) instaló este mojón en la isla de Cardoso, cerca de Cananéia y de otras islas de un pequeño archipiélago del litoral sur de São Paulo, donde desembarcó el 24 de enero de 1520. Descubierto en la punta de Itacuruça, fue trasladado al IHGB a mediados del siglo XIX. Hoy, hay una réplica en la isla de Cardoso.

En la planta 12 del museo hay un torno de expósitos que estaba en la Rua Evaristo da Veiga, junto al cuartel de la Policía Militar de Río. Los niños que abandonaban en este torno eran entregados a la Santa Casa da Misericórdia, Rua Santa Luzia (para más información sobre los tornos de expósitos, ver p. 167).

Por último, en la planta 13, la terraza del instituto ofrece unas vistas espectaculares del centro de la ciudad y de su eclecticismo arquitectónico.

Cananéia es considerada la ciudad más antigua de Brasil. Marataiama (su primer nombre) fue fundada por Martim Afonso de Souza en 1531. Como no existen pruebas documentadas, algunos pretenden que la primera ciudad del país fue São Vicente, cuyos archivos confirman que su fundación, también obra de Martim Afonso, data del 22 de enero de 1532.

El Salón Noble del Instituto, que solo se usa para las sesiones plenarias o particulares, conserva el asiento de madera de rosa en el que se sentó Pedro II durante las 506 sesiones que presidió en el IHGB.

UN CUADRO INACABADO DE LA CORONACIÓN DE PEDRO II

El Salón Noble también posee un cuadro muy particular. En la pared del fondo cuelga en efecto el lienzo inacabado *Coroação de Pedro II* (Coronación de Pedro II), de Manuel de Araújo Porto Alegre (1806-1879). Empezó a pintarlo justo después de la coronación, en julio de 1841, pero como el gobierno no confirmó que compraría la obra, Porto Alegre no la terminó. Curiosamente, al año siguiente, Pedro II condecoró al pintor francés François-René Moreaux (1807-1860), supuestamente por haber pintado justamente un cuadro (expuesto en el Museo Imperial de Petrópolis) que también ilustra la coronación.

El lienzo inacabado permaneció en los almacenes de la Escuela Nacional de Bellas Artes (hoy Museo Nacional de Bellas Artes) durante casi un siglo antes de llegar al IHGB.

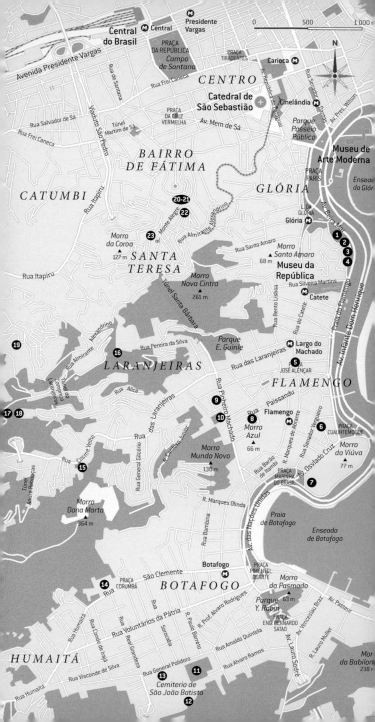

Central
do Brasil

Central

Presidente
Vargas

PRAÇA
DA REPÚBLICA
Campo
de Santana

PRAÇA
TIRADENTES

Carioca

Avenida Presidente Vargas

Rua de Santana

Rua Frei Caneca

CENTRO

Rua Senador Dantas

Av. Pres. Wilson

Rua Salvador de Sá

Rua Frei Caneca

Viaduto São Pedro

Túnel
Martim de Sá

PRAÇA
DA CRUZ
VERMELHA

Catedral de
São Sebastião

Av. Mem de Sá

Cinelândia

Parque
Passeio
Público

Museu de
Arte Moderna

Rua Itapiru

Rua Itapiru

CATUMBI

BAIRRO
DE FÁTIMA

PRAÇA
PARIS

GLÓRIA

Enseada
da Glória

20-21
22

L. DA
GLÓRIA

Glória

1
2
3
4

Morro
da Coroa
127 m

23

SANTA
TERESA

Rua Santo Amaro

Morro
Santo Amaro
68 m

Museu da
República

Rua Monte Alegre

Rua Almirante Alexandrino

Rua Silveira Martins

Av. Beira Mar

Av. Infante Dom Henrique

Praia do Flamengo

Rua Bento Lisboa

Catete

Morro
Nova Cintra
261 m

Túnel Santa Bárbara

Rua do Catete

LARANJEIRAS

Parque
E. Guinle

Largo do
Machado

Rua Pereira da Silva

16

Rua Almirante

Alexandrino

Rua das Laranjeiras

5
JOSÉ ALÉNCAR

19

Túnel do
Comprido
Laranjeiras

Rua Alice

Rua Pinheiro Machado

FLAMENGO

Paissandu

9

Rua das Laranjeiras

Rua Cardoso Junior

Rua General Glicério

10

Rua
Flamengo

8

Morro
Azul
66 m

Rua Marques de Abrantes

Rua Senador Vergueiro

PRAÇA
CUAUHTÉMOCO

6

17 18

Cosme Velho

Rua Cosme Velho

15

Morro
Mundo Novo
130 m

Morro
da Viúva
77 m

Túnel
André Rebouças

Rua Barão
de Itambi

PRAÇA
MARINHA
DO BRASIL

7

Morro
Dona Marta
364 m

R. Marques Olinda

Rua Bambina

Av. das Nações Unidas

Praia
de Botafogo

Enseada
de Botafogo

14

PRAÇA
CORUMBÁ

São Clemente

Botafogo

BOTAFOGO

PRAÇA
PIMENTEL
DUARTE

Morro
do Pasmado

Parque
Y. Rabin

63 m

Rua Humaitá

Rua Voluntários da Pátria

Rua Prof. Álvaro Rodrigues

Rua Paulo Barreto

Soroeba

Rua Amaldo Quintela

Rua Álvaro Ramos

PRAÇA
ENG. BERNARDO
SATÃO

Av. Pasteur

Av. Venceslau Brás

Av. Lauro Müller

R. Lauro Müller

HUMAITÁ

Rua Conde de Irajá

Rua Real Grandeza

Rua General Polidoro

11

Cemitério de
São João Batista

Rua Humaitá

Rua Visconde de Silva

Rua Álvaro Sodré

12

Mor
da Babilo

0   500   1 000 r

N

BOTAFOGO - FLAMENGO LARANJEIRAS - CATETE GLORIA - STA TERESA

EL BAJORRELIEVE DE LA ESTATUA DE SÃO SEBASTIÃO

1

Praça Luis de Camões (también llamada Largo do Russel)
Glória
• Metro: Estación Glória

> *La milagrosa aparición de san Sebastián*

Aunque los cariocas conocen la estatua de São Sebastião (san Sebastián), situada en la Praça do Russel, pocos saben por qué está ahí. Fue en esta zona donde, en 1566, unos soldados portugueses liderados por Estácio de Sá afirmaron que san Sebastián se les había aparecido. Y dicen que gracias a esa intervención divina, los portugueses vencieron a los franceses durante la célebre batalla Das Canoas (de las canoas). Al año siguiente, el 20 de enero (fecha en la que se celebra el santo), la victoria en la batalla de Uruçumirim (cerca del lugar donde hoy se encuentra la iglesia del Morro da Glória) consolidó la presencia portuguesa y causó la expulsión de los franceses de lo que entonces se llamaba la "Francia antártica". En esa batalla, una flecha hirió de gravedad a Estácio de Sá, igual que a san Sebastián, patrono de la ciudad, y sucumbió a sus heridas un mes después. La batalla de las Canoas y la creencia en la intervención de san Sebastián están inmortalizadas en la parte posterior de la base de la estatua, en un bajorrelieve que describe una escena de la batalla, con el título "Aparición de san Sebastián en la batalla de las Canoas". Justo debajo, se puede leer la siguiente frase: "Basta con llamarse ciudad de san Sebastián para ser preferida por el Señor y por los méritos del Glorioso Mártir".

De siete metros de altura, la estatua del escultor Dante Crossi se esculpió con motivo de las conmemoraciones del cuarto centenario de la ciudad, en 1965. La representación del santo atado al tronco de un árbol, herido por tres flechas, está inspirada en una estatua de san Sebastián traída a Río de Janeiro en el siglo XVI.

Los navegantes portugueses fueron los primeros en descubrir la bahía de Guanabara, el 1 de enero de 1502. Creyendo estar en la desembocadura de un río, la bautizaron Río de Janeiro. No fue hasta marzo de 1565, tras la llegada de Estácio de Sá para luchar contra los franceses, que la ciudad se fundó, adoptando el nombre de São Sebastião do Rio de Janeiro, en homenaje al rey portugués de la época, Sebastián I.

Cuando se fundó de la ciudad, el Morro da Glória parecía a veces una isla, por la abundancia de fuentes de agua que había en la región. Justo enfrente había una playa, a la que llamaron más tarde Russel (antes de taparla), pero también un pantano (que tras ser sepultado pasó a ser el Largo da Glória) y el río Catete, hoy desaparecido y también tapado (ver p. 58).

MONUMENTO A GETÚLIO VARGAS ❷

Praça Luis de Camões (también llamado Largo do Russel)
Glória
• Abierto de martes a domingo de 10 a 17 h
• Entrada gratuita
• Metro: Glória

*Un lugar
desconocido
y conmovedor*

A pesar de la gran visibilidad de la que goza el busto de Getúlio Vargas, de 2,5 m de alto y apoyado sobre una base de tres metros en el Largo do Russel, este monumento es curiosamente poco conocido por los cariocas. Está en un subterráneo invisible desde la calle, al que solo se puede acceder bajando unas discretas escaleras. En un amplio espacio, silencioso y dotado de una suave luz, el monumento contiene una exposición permanente de fotos, textos (en portugués e inglés), vídeos y objetos que relatan la vida del antiguo presidente y algunos aspectos de la historia de Brasil y de Río de Janeiro.

Durante sus 45 años de vida pública, Getúlio Vargas vivió durante casi tres décadas en la ciudad que en aquel entonces era la capital del país. Después de la revolución de 1930, de la que fue el principal líder, Vargas fue jefe del gobierno provisional, presidente de la República elegido por el Congreso Nacional, dictador y presidente de la República elegido por el pueblo.

La exposición se organiza en ocho secciones, que más allá de presentar el contexto sociopolítico y las acciones del gobierno de la época, también destacan la relación de los cariocas con su jefe de Estado y el impacto de la política gubernamental en la ciudad. Se pueden admirar por ejemplo fotos poco conocidas de la reforma urbana llevada a cabo durante el Estado Novo (1937-1945, periodo de la dictadura de Vargas); clichés de la construcción de la Avenida Presidente Vargas, de la construcción del aeropuerto Santos Dumont o incluso de la urbanización de la Esplanada do Castelo, donde se edificaron

los ministerios de Economía, de Trabajo, de Educación y de Sanidad (ver p. 51).

Las últimas secciones de la exposición se centran en la intensa campaña y en la presión política y militar que llevaron a Vargas a suicidarse pegándose un tiro en el corazón el 24 de agosto de 1954, en el Palacio de Catete situado cerca del monumento, en el 153 de la calle del Catete. Las fotos expuestas en el monumento, las de los últimos homenajes al presidente, especialmente el de la multitud, cerca del lugar donde hoy se encuentra el monumento, acompañando el cortejo fúnebre hasta el aeropuerto Santos Dumont, son impresionantes y conmovedoras.

El monumento mide 17,5 m de alto: no supera la cima de los árboles para no tapar la vista al mar de los edificios vecinos.

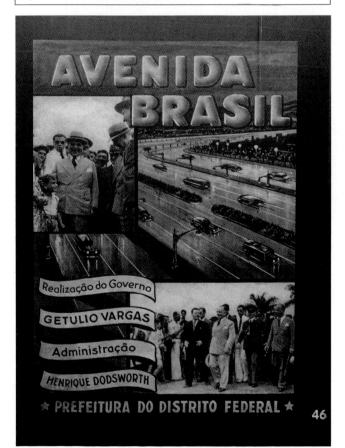

EL MONUMENTO CONMEMORATIVO DE LA APERTURA DE LOS PUERTOS EN 1808

❸

Avenida Beira Mar
• Metro: Gloria

> *El otro vestigio de la celebración de la apertura de los puertos en 1808, con la Exposición Nacional en Urca*

Aunque la apertura de los puertos en 1808 (ver pág. anexa) se celebró con gran pompa en Urca con la Exposición Nacional (ver p. 200), también se conmemoró aquí mismo, a los pies del antiguo hotel Glória, con la construcción, en 1908, de dos escaleras, una balaustrada y dos estatuas.

Obra del escultor francés Eugène Bénet, las estatuas estarían inspiradas en las de la plaza de la Concordia de París. Representan el comercio (una mujer sentada sosteniendo un caduceo, símbolo del comercio), la que está del lado de Flamengo, y la navegación (una mujer sentada sosteniendo un ancla con su mano izquierda), la que está del lado del Largo do Russel. A los pies de cada estatua, del lado de la Rua do Russel, se ve la inscripción grabada en la piedra "20 de enero de 1808 – apertura de los puertos".

La fecha de 1908 (en número romanos: MCMVIII) se ve a los pies de cada estatua, del lado de la Avenida Beira Mar, con una pequeña placa explicando el contexto histórico.

LA APERTURA DE LOS PUERTOS EN 1808: UNA EXIGENCIA DE LOS INGLESES, A CAMBIO DE AYUDAR A JUAN VI DE PORTUGAL A HUIR A BRASIL

Desde 1806, Napoleón pone a Portugal entre la espada y la pared. El príncipe regente portugués, (el futuro) Juan VI, se ve conminado a adherirse al bloqueo contra Inglaterra, de lo contrario, Francia invadiría su país. El soberano portugués se ve confrontado a un dilema: la alianza con Francia y la adhesión al bloqueo significarían para Portugal la ruptura con Reino Unido, el fin del comercio con sus colonias y la pérdida de su imperio, algo que no puede consentir. Es entonces cuando se reanuda el antiguo proyecto de trasladar la corte portuguesa a Brasil, propuesto en 1803 por el consejero D. Rodrigo de Sousa Coutinho.

Octubre de 1807: precipitando los acontecimientos, Napoleón ordena la invasión inmediata de Portugal. El 18 de octubre, el general Junot cruza la frontera franco-española a la cabeza de un ejército de 25 000 hombres camino de Portugal, para una avanzada que será menos rápida de lo previsto. El 29 de noviembre, en el último momento, una escuadra portuguesa de 16 navíos y 15 000 personas (la familia real, los miembros de la corte, miembros de la nobleza, de la burguesía, la administración real, los altos cargos y un número considerable de oficiales portugueses) salen de Portugal con destino a Brasil. El príncipe regente y su séquito llevan consigo las colecciones de arte de la corona, los archivos del Estado, el tesoro real, e incluso los objetos de plata de las iglesias y de la Biblioteca Real.

A la mañana siguiente, a las 9 h, Junot llega con sus 25 000 hombres a la capital portuguesa abandonada.

Los ingleses facilitaron la huida del rey de Portugal con una sola condición: el rey tenía que decretar a la mayor rapidez la apertura de los puertos brasileños al comercio. En efecto, hasta entonces, Brasil solo podía comerciar con Portugal, que tenía el monopolio del comercio con su colonia (pacto colonial): por increíble que pueda parecer hoy, no se vendía ni se compraba nada en Brasil sin que pasase físicamente por Portugal.

El 28 de enero de 1808, Juan VI firma en El Salvador, cuatro días después de su llegada (antes de seguir su viaje a Río), el decreto que autoriza la apertura de los puertos, es decir, la posibilidad de comerciar directamente con Brasil, sin pasar por Portugal, en manos de Napoleón.

Aunque evidentemente Juan VI no tuvo otra opción, el gran beneficiario de este acuerdo fue Gran Bretaña, que negoció de paso unas tarifas aduaneras privilegiadas.

En aquella época, el mar llegaba a los pies del monumento y de la Avenida Beira Mar, abierta en 1906. No fue hasta 1922, con la demolición del Morro do Castelo (ver p. 61), cuando enterraron las playas de Santa Luzia (Castelo), Ajuda (Cinelândia), Glória, Russel y del Boqueirão (frente al Passeio Público, ver p. 120) hasta el Calabouço (cerca del Museo Histórico Nacional). Para más información sobre los numerosos terrenos ganados al mar en Río, ver p. 58.

LA PUERTA DEL VILLINO SILVEIRA ④

Rua do Russel, 734
Glória
• Metro: Glória

El portal de las serpientes doradas

Villino Silveira (1915), un proyecto del arquitecto italiano Antonio Virzi destinado a servir de residencia al fabricante del Elixir de Nogueira, el empresario carioca Gervásio Renault da Silveira, es una de las casas más originales de la ciudad.

Encajada entre dos edificios, diferente de todo lo que la rodea, esta gran mansión es quizá el mejor ejemplo del estilo *art nouveau* en Río. Tiene un portal de hierro forjado del italiano Pagani, decorado con un dibujo brillantemente ejecutado. Los picaportes son serpientes doradas en medio de una profusión de rayos que se mezclan con elementos sinuosos cuyos extremos son rectilíneos. En las esquinas superiores, casi olvidadas, las bisagras están recubiertas con lo que parece ser el pico en miniatura de un pájaro prehistórico.

Catalogada monumento histórico en 1970, la casa fue comprada en los años 90 por el hotel vecino Glória y transformada en un café. Hoy está cerrada.

"SI HUBIESE HECHO LO MISMO EN ITALIA, HABRÍA SIDO UN ARQUITECTO DE RENOMBRE INTERNACIONAL"

Al igual que la del español Gaudí, la arquitectura de Virzi es imprevisible: desde columnas asimétricas hasta finos detalles en estuco, pasando por las barandillas de las ventanas, cuidadosamente trabajadas en acero.

Virzi llegó a Río en 1910 donde fue profesor en la Escuela Nacional de Bellas Artes y diseñó edificios para la burguesía carioca más extravagante. "*Si hubiese hecho lo mismo en Italia, habría sido un arquitecto de renombre internacional*", declaraba el arquitecto Alberto Taveira, del Instituto Nacional del Patrimonio Cultural. Lamentablemente, poco queda de lo que hizo. Aparte de esta casa, solo quedan tres de sus obras en la ciudad: la sorprendente Casa Villiot, en Copacabana (ver p. 175), una iglesia católica en Vila Isabel y un almacén industrial en Catumbi.

Los demás edificios espectaculares del arquitecto fueron demolidos, como la fábrica del Elixir de Nogueira (Rua da Glória, 62) y la villa Smith de Vasconcelos (Avenida Atlântica, 680) en 1964.

El "milagroso" Elixir de Nogueira, compuesto de nuez, perejil, jacaranda y guayaco, data de una época en la que se creía que numerosas enfermedades eran causadas por impurezas de la sangre, de ahí la publicidad que lo presentaba como un "gran depurador de sangre". Las etiquetas del producto eran dibujos artísticos y, en general, mostraban el rostro de su creador, el farmacéutico João da Silva Silveira, de Pelotas.

MONUMENTO EN HONOR AL RÍO CARIOCA ❺

Praça José de Alencar
Flamengo
• Metro: Flamengo o Largo do Machado

> *El homenaje al río que no se ve*

Al llegar a la Praça José de Alencar, la primera cosa que se ve, y que está ahí desde 1897, es el monumento en honor al escritor que dio su nombre a esta plaza. A su izquierda, para quien esté de espaldas al parque de Flamengo, se ven también unas farolas insólitas, dotadas de una varilla curvada fijada a una base de cemento. En el suelo, tres círculos metálicos de distintas dimensiones encierran círculos concéntricos dotados de pequeños rayos y de dos aberturas también circulares en el centro, que parecen unas gafas, con pequeños rombos.

Estos círculos en el suelo, aunque parecen primero sofisticadas tapas de alcantarilla, en realidad son los vestigios de pequeños surtidores de agua (ya no funcionan), que recuerdan a los cariocas que el río Carioca (ver p. 136-137) corre bajo sus pies en dirección a su embocadura, en la playa de Flamengo. Este proyecto del arquitecto Mario Jorge Jauregui es un homenaje al río olvidado, pero tan importante en la historia de la ciudad.

La reforma de la plaza, con la instalación de las farolas y los círculos, data de los años 1990 y formaba parte del proyecto Rio-Cidade, que comportaba varias

intervenciones urbanas en numerosos barrios de la ciudad. Los polémicos postes inclinados de Ipanema son de esa época. La falta de mantenimiento, y en algunos casos el vandalismo, han desvirtuado los proyectos, como es el caso de los surtidores de agua de la Praça José de Alencar.

La estatua de José de Alencar, obra del escultor mexicano nacionalizado brasileño Rodolfo Bernardelli (1852-1931), fue inaugurada en 1897. En su base, hay escenas de cuatros grandes novelas del escritor grabadas en bajorrelieve: *Iracema*, *O Guarani*, *O Gaúcho* y *O Sertanejo*. El nacionalismo, que pone de manifiesto una manera de sentir y de pensar típicamente brasileña, es una característica significativa de su obra. José de Alencar (1829-1877) también era periodista, abogado y político.

EL ANTIGUO CAUCE DEL RÍO CARIOCA

El nacimiento del río Carioca se encuentra en la Serra da Carioca, en el corazón del bosque de Tijuca. El río corre por las calles Cosme Velho, Laranjeiras y Flamengo, antes de desembocar en la bahía. Más allá de su nacimiento y desembocadura, el río solo se puede ver desde la plaza, poco cuidada, del Boticário y en la placita que está al lado, cerca de la estación de tranvía del Corcovado, en Cosme Velho.

Lo taparon a principios del siglo XX.

En su día, el río Carioca se dividía en dos a la altura de la actual Praça José de Alencar (ver página anexa), donde había un lago. Aquí estaba el puente de Salema, el primero de la ciudad, construido por el gobernador Antonio Salema (1574-1577). Desde ahí, una parte de las aguas corrían hacia la desembocadura del río, hasta Flamengo, y la otra se desviaba a la izquierda. Es este brazo de río hasta Flamengo el que ha sobrevivido y, aunque es subterráneo, está tan contaminado que sus aguas son tratadas en una depuradora del parque de Flamengo antes de desembocar en el mar.

El otro brazo de río, llamado Catete, subterráneo, bajaba por la actual calle del Catete, rodeaba el Morro da Glória hasta desembocar a la altura de la antigua playa de Russel (enterrada), que hoy es la plaza donde está la estatua de São Sebastião (san Sebastián, ver p. 127) y el monumento a Getúlio Vargas (ver p. 128)

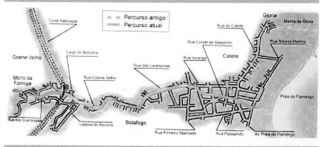

EL ORIGEN DE LA PALABRA 'CARIOCA'

Aunque no existe un consenso claro, el origen de la palabra 'carioca' sería probablemente tupí (indio) y vendría de una casa de piedra construida en Flamengo a principios del siglo XVI, cerca de la desembocadura del río. Los indios la llamaban *akari oca*, es decir, la casa de *acari*.

Tal vez como una primera manifestación del humor carioca, hay al menos dos explicaciones divertidas para la etimología de esta palabra: era la primera vez que los indios veían hombres vivir en una casa de piedra, como el pez *acari*, razón por la que apodaron esta construcción la casa de *acari*. El otro origen es que *acari* significaba también 'pez-gato', el apodo dado a los portugueses debido a sus armaduras.

Akari oca se transformó en 'carioca', que pasó a ser el nombre del río y, con el tiempo, de los que nacen en esta ciudad.

RÍO, ACUEDUCTO, ORIGEN, NACIMIENTO, PLAZA, CALLE: LA IMPORTANCIA DEL RÍO CARIOCA EN RÍO.

El río Carioca era tan importante (sirvió como fuente de agua potable durante siglos) que 'Carioca' se convirtió en el nombre de los lugares y construcciones en relación directa con sus aguas: su lugar de nacimiento tomó el nombre de Serra da Carioca; el acueducto da Carioca (hoy Arco da Lapa) transportaba las aguas del río, desviadas en su nacimiento del Morro de Santa Teresa hasta el Morro de Santo Antônio, en el Campo de Santo Antônio —el actual Largo da Carioca que se une a la Praça Tiradentes por la calle da Carioca—.

Construida en mármol y dotada de dieciséis grifos de bronce, la fuente de la Carioca (Chafariz da Carioca) fue la primera fuente pública del país. Inaugurada el mismo año que el acueducto, en 1723, fue demolida en 1820.

Las aguas del río Carioca eran tan apreciadas que inspiraron la expresión popular "es igual de bueno que el agua del Carioca". Por razones evidentes, este dicho ha caído en desuso...

LA GRUTA DE LOURDES DE LA IGLESIA DE LA SANTA TRINIDAD

Rua Senador Vergueiro, 141
- Tel.: (21) 2553-3114
- E-mail: sstrindade.rj@gmail.com
- www.sstrindade.com
- Abierto de lunes a viernes de 7 a 12 h y de 14 a 18 h. Domingos de 7.30 a 12 h y de 16 a 20 h

Una reproducción de la gruta de Lourdes de Francia

Olvidada a menudo por los cariocas, la iglesia de la Santa Trinidad (Igreja da Santissima Trindade), en Flamengo, posee dos características insólitas: una preciosa fachada *art déco*, proyectada por el arquitecto francés Henri Sajous, que trabajó en Brasil entre 1930 y 1959, y, más oculta, una reproducción de la célebre gruta francesa de Lourdes, en el patio de atrás, detrás de la iglesia.

La gruta debe su existencia al padre Aleixo Chauvin que llegó a Río en 1937 con una piedra de la gruta de Massabielle en Lourdes, donde la Virgen se apareció 18 veces a Bernadette Soubirous, con la esperanza de poder construir una reproducción de la célebre gruta. Financiada por una familia brasileña residente en Francia, la gruta se inauguró en Río en mayo de 1939, cuando la iglesia actual aún no existía: iniciada en 1940, tras la llegada de los Padres Asuncionistas a Río en 1935, invitados por el cardenal Sebastião Leme, la iglesia no quedó terminada hasta 1945.

Los Padres Asuncionistas de Río forman parte de la congregación de los Agustinos de la Asunción, también llamada Asuncionistas. Fundada en Nîmes por el padre Emmanuel d'Alzon en 1845, la congregación adoptó una regla inspirada en la de san Agustín de Hipona. La congregación otorga un lugar particular a la Virgen María y a su asunción, lo que explica, entre otras, su implicación en la organización del peregrinaje a Lourdes el 15 de agosto (fiesta de la Asunción).

Por extensión, los Asuncionistas han creado, como en Río, varias reproducciones de la gruta de Lourdes en todo el mundo, como en Tokio, Montreal, Nueva York, Dublín y Milán (ver las guías del mismo editor *Tokio insólita y secreta*, *Nueva York insólita y secreta* y *Milán insólita y secreta*).

Las 21 vidrieras de la iglesia poseen motivos que corresponden cada uno a una de las 137 vidrieras de la catedral de Chartres.

EL MORRO DA VIÚVA

Acceso por la Travessa Acaraí
• Metro: Botafogo

> *Uno de los mayores secretos de la ciudad*

El Morro da Viúva (literalmente 'el cerro de la viuda'), está completamente rodeado de edificios muy altos y es totalmente invisible desde las calles que lo circundan. Y además, muchos cariocas ni siquiera saben que existe. Aunque algunos edificios tienen acceso al propio cerro (con instalaciones deportivas y otros divertimentos para los afortunados que residen en los edificios cercanos), existe una forma oficial, pública y secreta de subir al cerro: al final de la Avenida Oswaldo Cruz, del lado de Botafogo, el pequeño callejón sin salida llamado Travessa Acaraí termina en una pequeña puerta que se puede abrir de un empujón.

No hay que tener miedo de entrar en el callejón: un comandante de la policía de Río vive en la esquina y el lugar tiene fama de ser muy seguro. La sensación de ir a uno de los rincones más secretos de la ciudad es especialmente agradable para el que no teme la exploración urbana y es un verdadero placer subir los 195 peldaños de esa escalera que lleva a las ruinas de un antiguo depósito de agua.

Construido por Antonio Gabrielli en 1891 para abastecer de agua potable los barrios de Botafogo, Praia Vermelha y Leme, cerró en 1970 y fue parcialmente catalogado en 1998. Hoy, en estado de abandono, forma parte de un espacio donde viven humildemente seis familias que estarán encantadas, al menos la mayoría, de mostrarle este lugar que ofrece unas vistas, a través de los árboles, de la playa de Botafogo, la Pedra da Gávea y el Corcovado, por un lado, y el Pan de Azúcar, por el otro.

¿DE DÓNDE VIENE EL NOMBRE DE MORRO DA VIÚVA?

El Morro da Viúva (el cerro de la viuda) tomó este nombre en 1753 cuando pasó a ser propiedad de doña Joaquina Figueiredo Pereira Barros, tras morir su marido Joaquim José Gomes de Barros. Previamente, el cerro se llamaba Morro do Léry o Morro do Leryfe, del apellido del misionero protestante francés Jean de Léry, que vino con Villegaignon en el siglo XVI. Habría vivido en una casa de piedra en los alrededores.

La construcción de la Avenida Rui Barbosa, que permite rodear el cerro del lado del mar, data de 1922.

Antes del depósito de agua, se habían construido aquí, en 1863, unas fortificaciones en una época en que las tensiones entre Brasil y el Reino Unido estaban en su punto álgido (la 'cuestión Christie', del apellido del embajador británico de la época). El interés estratégico y militar del lugar fue cuestionado y el fuerte, abandonado.

CASA MARAJOARA   ⑧

Rua Paisandu, 319
• Metro: Flamengo
• Casa particular

> **El ejemplo más importante de la corriente nativista del art déco brasileño**

La Casa Marajoara situada en el nº 319 de la calle Paissandu es el ejemplo más importante de la corriente nativista del *art déco* brasileño en materia de arquitectura, gracias a sus referencias directas con las influencias indígenas de la vida brasileña, que han sobrevivido hasta hoy.

Este proyecto de Gilson Gladstone Navarro de 1937 sugiere, por su volumen arquitectónico, la influencia de los bungalós californianos y de la arquitectura de pueblo norteamericano, pero posee huellas indiscutibles de la influencia indígena brasileña. De hecho es nativista hasta el nombre de la calle en la que está (ver pág. anexa).

Su revestimiento casi totalmente de piedra desbastada demuestra que se tomaron en cuenta las variaciones climáticas cariocas. En verano, una temperatura fresca está garantizada gracias a las gruesas piedras que recubren la fachada. Durante los inviernos suaves del trópico, este mismo revestimiento de piedra aporta cierto bienestar a los habitantes de la casa.

Hay numerosas referencias a talismanes amazónicos (ver p. 187) presentes: en todas las puertas y verjas de hierro, y en la parte interior de las ventanas,

se ve una discreta *muiraquitã* (un amuleto antiguo) en forma de batracio, como una especie de *leitmotiv*. En la entrada, un dragón estilizado de piedra igual de discreto protege del mal.

El interior de la residencia (privada) tiene una decoración única en la historia nativista del *art déco* brasileño: paneles de madera sucupira con motivos del arte marajoara, lámparas de hierro martillado con los mismos patrones, puertas correderas entre las habitaciones sobre las que figuran representaciones de indios a tamaño real, grabadas en las ventanas con ácido…

Otras dos residencias, hoy desaparecidas, se inspiraron en los indígenas. Se trataba de la casa de la Avenida Portugal, en Urca, que pertenecía al Ministro de Educación de Getúlio Vargas, Ernesto Simões Filho, y la casa diseñada por Edgard Pinheiro Vianna en la Avenida Atlântica, conocida como la "casa de piedra", ambas derribadas a finales de los años 1980.

La calle Paissandu empezaba en el palacio donde vivieron la princesa Isabel y el conde de Eu en el siglo XIX y terminaba en la playa de Flamengo, con palmeras imperiales bordeando el camino.

El nombre Paysandú viene de una ciudad uruguaya que, el 2 de enero de 1865, fue el escenario del episodio histórico llamado "la toma de Paysandú", en el que participaron tropas y escuadrones brasileños comandados por el general Mena Barretto (que tiene su calle cerca de la calle Paissandu) y el almirante Tamandaté (Guerra de Paraguay).

LAS VIDRIERAS DEL SALÓN NOBLE DEL CLUB DE FLUMINENSE ❾

Fluminense Football Club
Rua Álvaro Chaves, 41, Laranjeiras
• Tel.: (21) 3179-7400
• www.fluminense.com.br
• Visitas de martes a domingo de 10 a 17 h
• 15 R$ para los no socios, gratis para los socios
• Metro: Flamengo

Las bellezas ocultas de un club aristocrático

Aunque los socios del Club de Fluminense conocen bien la belleza de la sede de su club, pocos son los no socios que saben que todo el mundo puede visitar este club tan elegante.

Vecina del palacio de Guanabara (ver p. 148), la sede del club, de estilo neoclásico, es obra del arquitecto Hipólito Pujol. El club se inauguró el 18 de noviembre de 1920.

Su salón noble tiene tres magníficas vidrieras inspiradas en la antigua Grecia y en el Imperio romano. Cerca del techo, el salón está decorado con tres estarcidos, detalles delicados con un acabado cuidado, que durante años estuvieron ocultos bajo capas de pintura. Fueron descubiertos durante la reforma realizada entre 2011 y 2014 y han sido restaurados a mano, uno por uno. Durante dicha reforma también encontraron, debajo de la pintura del techo, lienzos de los hermanos Timóteo da Costa, quienes también decoraron el hotel Copacabana Palace.

A la derecha de la entrada del club, en el camino que lleva a las pistas de tenis, vale la pena ver el precioso bajorrelieve de una tenista en el estilo de los años 20-30.

EL BALÓN DEL PRIMER PARTIDO DE LA SELECCIÓN BRASILEÑA

La sala de los trofeos del club también se puede visitar y alberga una exposición interactiva que muestra aspectos importantes de la historia del fútbol en Brasil y del estadio de Fluminense, inaugurado en 1919 con un partido entre Brasil y Chile. Fue en este campo donde, el 21 de julio de 1914, antes de la inauguración del estadio, se jugó el primer partido de la selección brasileña. El balón del partido, al que asistieron cinco mil espectadores, forma parte de la exposición.

En aquel partido, la selección de aficionados jugó contra un equipo de profesionales de Exeter, procedente de Inglaterra. Brasil, para sorpresa de todos, ganó 2 a 0.

En 1984, los Rolling Stones grabaron dos videoclips en el salón noble del club: *Lucky in love* y *Just another night*. Para el primer vídeo, transformaron el lugar en un casino y para el segundo, en un bar donde se ve un figurante con la camiseta tricolor del club. El grupo asistió a la final del campeonato carioca entre Flamengo y Fluminense (victoria de Fluminense, 1 a 0).

PALACIO GUANABARA (10)

Rua Pinheiro Machado s/n, Laranjeiras
• Tel.: (21) 2334-3774 / (21) 2334-3216 / (21) 2334-3215
• Visitas guiadas gratuitas los sábados
• Reservar las visitas en
http://visitaguiada.casacivil.rj.gov.br/VisitaGuiada/
• Metro: Flamengo

Del Imperio a la República en dos horas

Muchos son los cariocas, sin hablar de los turistas, que no saben que se puede visitar el palacio Guanabara, sede del gobierno del Estado de Río de Janeiro desde 1960, año en que se trasladó la capital a Brasilia.

El palacio, construido en 1853 en el estilo neoclásico por el comerciante portugués José Machado Coelho como su residencia particular, fue adquirido por el gobierno imperial en 1865 para la princesa Isabel, recién casada con el conde de Eu. Con la proclamación de la República en 1889, el palacio pasó a manos de la Unión: hoy, la propiedad del palacio sigue siendo objeto de conflicto entre los descendientes de la princesa y el Estado brasileño…

Aunque el edificio ha sufrido varias reformas a lo largo de los años, la más reciente, en 2011, sacó a la luz dos magníficos suelos de distintas épocas. El primero, en la planta baja, donde habría estado la *senzala* (dependencia reservada a los esclavos) en tiempos de la princesa, es todo de piedra, de *pé de moleque* (ver recuadro). Bien conservado, está protegido por un vidrio que permite al visitante apreciar el trabajo original. El otro, desde la entrada al palacio en la planta baja, y también en la terraza de la primera planta, es de mosaico hidráulico. Estos suelos se remontan probablemente a la importante restauración de 1908, en la que se construyeron las torres y las fachadas actuales que dan ese aspecto ecléctico al palacio.

En el salón noble destaca el cuadro *Muerte de Estácio de Sá*, del pintor Antônio Parreiras, con personajes importantes de la fundación de la ciudad: Estácio de Sá, Araribóia, Salvador de Sá y los sacerdotes Anchieta y Manoel de Nóbregas. El despacho del gobernador, con la mesa que perteneció al presidente Getúlio Vargas, alberga el cuadro de Aurélio de Figueiredo, *Abdicación de Pedro I*, que llama la atención por el niño que está sentado en un sillón, el futuro emperador Pedro II.

Detrás del palacio, los preciosos jardines bien cuidados, firmados por el paisajista francés Paul Villon, llegan prácticamente hasta el bosque de Corcovado.

Tras haber sido la residencia de la princesa Isabel, el palacio se usó para varios fines: cuartel, residencia para invitados ilustres y residencia oficial de la presidencia de la República, entre 1911 y 1949, cuando se convirtió en la sede de la prefectura del distrito federal.

El *pé de moleque* es una técnica que se usa para fijar piedras al suelo que data de la época colonial. Una de las hipótesis del origen de este nombre se basa en que eran los jóvenes (*moleques*) quienes realizaban este trabajo de fijar las piedras con sus pies (*pé*). Algunos pretenden que el nombre procede más bien del parecido que tiene el suelo de piedra con el postre de almendras del mismo nombre.

A la izquierda del palacio, en los jardines, se encuentra la capilla de Santa Terezinha, edificada en 1946 por encargo de Carmela Dutra, conocida como Dona Santinha, esposa del presidente Eurico Gaspar Dutra. El altar de la pequeña iglesia, más pequeño de lo normal, se hizo así para que Dona Santinha pudiese verlo desde la ventana de su habitación del palacio.

En el siglo XIX, la entrada principal del palacio estaba en la Rua Paissandu, y es por ello que estaba decorada con decenas de palmeras imperiales. Se dice que a la princesa Isabel le gustaba ir del palacio a la playa de Flamengo, paseando a la sombra de las palmeras.

EL CEMENTERIO DE LOS ANGELITOS

Cementerio São João Batista
Rua Geneal Polidoro, s/n
Rua Real Grandeza, s/n
• Abierto todos los días de 9 a 17 h
• Metro: Botafogo

Dentro del cementerio San Juan Bautista (Cemitério São João Batista), el cementerio de los *anjinhos* (angelitos) es uno de los lugares más secretos, misteriosos, extraños y conmovedores de la ciudad de Río de Janeiro.

> *Uno de los lugares más secretos y conmovedores de la ciudad*

Accediendo por la entrada principal de la calle General Polidoro, hay que tomar la vía principal. Aproximadamente a medio camino de la capilla del cementerio (lamentablemente cerrada), de frente, hay que seguir por el camino de la izquierda en dirección a la pequeña colina, sin construir, que forma parte del recinto del cementerio y que ocupa el ángulo nordeste del cementerio, a lo largo de la calle Álvaro Ramos.

Al llegar a los pies de la colina, una escalera de piedra sube dejando detrás la leve agitación de los escasos visitantes del cementerio. El ambiente cambia muy rápido y, en unos segundos, uno se encuentra en un bosque de aspecto salvaje donde la escalera estructurada deja sitio a un camino de piedras irregulares mordisqueado por la vegetación. Unos metros más lejos, el ambiente vuelve a cambiar, antiguas construcciones emergen de un lado y otro de la vegetación tropical en un ambiente que recuerda al de la "ciudad perdida" en Colombia. Tras unos minutos casi inquietantes, se alcanza al fin la cima de la colina donde, saliendo de la última curva, se llega frente a un impresionante campo de cruces blancas plantadas en el suelo. Ante esta visión embargante, que impone naturalmente respeto, uno duda en cruzar el campo que tiene enfrente. Dando media vuelta, se vuelve hacia atrás para girar a la izquierda y rodear la colina. Del otro lado, tras unas ramas de árbol que cortan el final del camino, se llega por fin a la parte trasera de este mismo campo de cruces, que sigue imponiendo tanto respeto. Hay otro campo de cruces encima, a la izquierda.

Este extraño lugar, único, conmovedor y perturbador es lo que se conoce como el cementerio de los "angelitos". Contrariamente a lo que se podría pensar, no agrupa, como en algunos países, los cuerpos de los niños muertos antes de haber sido bautizados. Acoge sin embargo los de los niños menores de siete años cuyos padres no tenían los medios económicos para pagar una sepultura oficial. El lugar no acepta más cuerpos desde 2008.

LA SEPULTURA DEL MARQUÉS DE PARANÁ ⑫

Cementerio de São João Batista
Rua General Polidoro s/n, Botafogo
• Tel.: (21) 2539-9449, (21) 2527-0648 o (21) 2539-6057
• saojoaobatista@riopax.com.br
• Abierto todos los días de 9 a 17 h • Entrada gratuita
• También se organizan visitas guiadas gratuitas cada mes. Reservas:
www.cemiteriosjb.com.br/agendamento/
• Metro: Botafogo

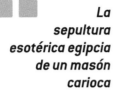

*La
sepultura
esotérica egipcia
de un masón
carioca*

A unos metros a la izquierda de la iglesia del cementerio (mirando en dirección a la iglesia), una estatua femenina señala con la mano una inscripción grabada en el dintel de la puerta de una sepultura esotérica, la del marqués y barón de Paraná.

Político, diplomático y magistrado conocido por ser un hábil conciliador, Honório Hermeto Carneiro Leão, futuro marqués de Paraná (1801-1856), era sobretodo un masón de alto grado del Gran Oriente de Brasil. Cuando todavía estudiaba en la Universidad de Coímbra, en Portugal, ingresó en una sociedad secreta llamada A Gruta (la cueva), fundada por estudiantes brasileños que tenían la intención de transformar Brasil en una república.

La relación histórica entre la masonería y la tradición egipcia se desvela aquí: la sepultura tiene la forma piramidal de un templo egipcio y evoca misterios iniciáticos en los que la pirámide, con sus tres lados, manifiesta la elevación del alma hacia el cielo invocando las tres luces de la masonería: el compás, la escuadra y el libro sagrado.

Según la tradición egipcia, aquí descansa el marqués de Paraná, embalsamado por el doctor Peixoto, que siguió el método de embalsamamiento de Sucquet, cumpliendo los deseos del difunto. El tipo de enterramiento del marqués también es similar al que realizaba en el antiguo Egipto: tras el embalsamamiento, se depositó el cadáver en un ataúd de zinc herméticamente cerrado y se introdujo el ataúd dentro de otro de cedro barnizado. Este segundo ataúd se metió a su vez en otro ataúd, de gran riqueza, regalo de la hermandad de la Santa Casa da Misericórdia de Río de Janeiro. Tres ataúdes para un solo cuerpo, símbolo de los tres principios vitales que animan este envoltorio carnal: la mente, la psique y el físico.

La estatua femenina, con atuendo de sacerdotisa egipcia, que está delante de la sepultura y que señala la inscripción grabada encima de la puerta, representa, más que la muerte, la inmortalidad, como así lo indican el sol resplandeciente sobre su frente, símbolo del dios Ra, alegoría de la iluminación espiritual, y sobre todo las cruces *ansadas* grabadas en sus ropas, entre las letras A, inicial de Anj (vida), que representa la consciencia de la inmortalidad gracias a la iniciación masónica.

A ambos lados de la inscripción, hay dos halcones con una hoja de acacia en sus picos, hoja de la masonería que simboliza la iniciación y la inmortalidad, las aves representan "el alma" alada del iniciado que regresa al oriente eterno siendo atraído por el Gran Arquitecto del Universo.

En los marcos laterales, se pueden admirar los grabados de mujeres tocando la cítara. Representan a Nut, la diosa del cielo, esposa de Keb (dios de la tierra, protector de los muertos) y son la alegoría de la sabiduría suprema sugerida por la música que manifiesta la armonía universal.

Encima de la puerta, en la cornisa, está el *uraeus*, el ojo de Horus, dios de la sabiduría divina y de la realeza espiritual representadas por las serpientes reales (*najas*) que rodean el sol alado, el que transmite el fluido vital, el soplo de vida, razón por la que los antiguos faraones llevan el *uraeus* sobre la cabeza. Las serpientes reales que se yerguen deben interpretarse como seres que repelen el mal y que, por consiguiente, protegen los monumentos funerarios y sus moradores, dato reforzado con la presencia de Horus, hijo de Osiris y de Isis (la trinidad egipcia), que lucha eternamente contra la oscuridad para que venzan las fuerzas de la luz. Dicho de otro modo, para que la inmortalidad suceda a la muerte. Esta protección se refuerza con la presencia de la esfinge situada frente a la estatua femenina, a un lado de la entrada de la sepultura, con el fin de impedir el paso a los extraños. Tumbada, en posición pasiva, contempla el único punto del horizonte por donde sale el sol y era considerada la guardiana de las entradas prohibidas y de las momias reales. Simboliza misterios divinos que rodean a la muerte y sobreviven a los finales de los ciclos de la existencia humana.

LA VIDRIERA DE LOS MUERTOS DE LA DIVISIÓN NAVAL

El cementerio de São João Batista es un auténtico museo a cielo abierto que abarca desde el eclecticismo hasta el neogótico y desde el *art déco* hasta el neoclasicismo o hasta el modernismo. Además de las tumbas individuales y familiares, como la número 24013 del compositor Tom Jobin (1927-1994) o la imponente tumba (133-E) del "padre de la aviación" Alberto Santos Dumont (1873-1932), existen grandes sepulturas, como la de la Academia Brasileña de las Letras (sector 29, 1778-E) u otras, de compañías militares. La de los muertos de la División Naval (detrás de la sepultura 19970 de la calle I) llama la atención. Se trata de una obra del escultor Leão Velloso (1899-1966), con esculturas *art déco* en el exterior y, en el interior, una magnífica vidriera abstracta y dos estatuas, que dan una sensación de descanso y de recogimiento (ver foto).

LA PRIMERA ESCULTURA ABSTRACTA DE BRASIL

Entrando en el cementerio de São João Batista por la puerta principal, en la Rua General Polidoro, y girando a la izquierda antes de pasar por delante del pequeño edificio donde están las oficinas, está lo que se considera como la primera escultura abstracta de Brasil. Esculpida en un bloque de mármol de Carrara y bronce, esta estatua antropomorfa de líneas muy sencillas es la efigie del geólogo Orville Adelbert Derby (1851-1915). Es probablemente la obra más importante, artísticamente hablando, del cementerio, porque se realizó a principios del siglo XX, en una época en la que predominaban otros estilos.

Es una creación del célebre escultor Rodolfo Bernardelli, fallecido en 1931 y enterrado en la Rua São João Batista (109-E), conocida como la "Vieira Souto" del cementerio, en alusión a la avenida, muy cotizada, situada frente a la playa de Ipanema. Cabe destacar que cuando aún vivía, Bernardelli decidió que la bella escultura neoclásica de bronce que representa la lapidación de Esteban, primer mártir de la cristiandad, que él esculpió en 1879 cuando estudiaba en Roma, decoraría su tumba.

La tumba más visitada es la de la cantante Clara Nunes, una especie de santa. La gente le lleva ofrendas en agradecimiento por las "bendiciones recibidas".

UNA IGLESIA QUE SOLO ABRE PARA LA MISA DEL LUNES Y EL DÍA DE TODOS LOS SANTOS

Al final de la calle principal se encuentra la capilla de la época de Don Pedro II. Esta pequeña y muy sencilla iglesia solo abre para la misa del lunes a las 9 h y el Día de Todos los Santos. Aquí se celebró la misa del primer entierro del cementerio, el 4 de diciembre de 1852, unos meses después de la adquisición del terreno. Fue el de Rosaura, de cuatro años de edad e hija de esclavos. Ninguna familia de la élite local deseaba "inaugurar" el cementerio.

Gracias a la cantidad de personalidades que descansan en él, entre ellas nueve expresidentes de la República, el cementerio es conocido como el "cementerio de las estrellas". El dinero para la compra del terreno procedía de la venta de títulos nobiliarios. Hoy, gracias a nuevas adquisiciones, ocupa 183 000 metros cuadrados y alberga más de 50 000 tumbas: cristianos, difuntos de otras religiones (hay más judíos aquí que en el cementerio judío de Vila Rosali) y ateos.

PALACIO SÃO CLEMENTE – RESIDENCIA DEL CÓNSUL DE PORTUGAL   **⑭**

Rua São Clemente, 424-466
Botafogo
• Abierto el último sábado del mes a las 18 h para un concierto abierto al público
• Entrada gratuita

> **Un espectacular palacio construido en los años 1950**

Una vez al mes, el último sábado del mes a las 18 h, se puede descubrir el espectacular palacio São Clemente, residencia del cónsul de Portugal.

Aunque el estilo arquitectónico del palacio recuerda las suntuosas residencias construidas en Portugal en el siglo XVIII, el edificio se construyó en realidad en los años 1950, para servir como embajada de Portugal.

El edificio no cumplió esta función más que unos 10 años: en 1960, cuando Brasilia se convirtió en la capital de Brasil, en detrimento de Río, el palacio pasó a ser la residencia del cónsul de Portugal.

Con una superficie de 5 800 m², el palacio es obra del arquitecto Guilherme Rebello de Andrade. Retomando numerosos elementos de la cultura portuguesa, como los azulejos que se ven en la entrada del palacio (fabricados en Lisboa por la Fábrica de Cerâmica da Viúva Lamego –ver de la misma editorial la guía *Lisboa insólita y secreta*–), el palacio alberga también una capilla barroca del siglo XVII que fue trasladada desde Portugal. No está abierta al público durante los conciertos.

Vale la pena observar, frente a la entrada, la preciosa fuente de cerámica, obra de Jorge Barradas.

MUSEO DE PEDIATRÍA BRASILEÑA

Rua Cosme Velho 382
Cosme Velho
• Tel.: (21) 2245-3110
• www.sbp.com.br
• Abierto de lunes a viernes de 9 a 16 h
• Entrada gratuita

> **Un museo
> en el corazón
> del bosque**

Discretamente situado en una preciosa mansión colonial construida en la primera mitad del siglo XIX (adquirida en 1937 por el ingeniero Adehrbal Pougy, uno de los responsables de la construcción del Túnel Rebrouças, muy cerca), no muy lejos del tren del Corcovado, y justo a la derecha de la Bica da Rainha, la fuente donde la reina doña Carlota Joaquina, esposa de D. João VI, venía a tratarse sus problemas de piel, el museo de Pediatría Brasileña es un pequeño y sorprendente museo que tiene una doble ventaja: permite no solo conocer un poco mejor la historia de la pediatría en Brasil sino también, para aquellos a los que este tema no apasiona, tener acceso a un rincón insospechado de naturaleza en el corazón de Cosme Velho.

Tras llamar al timbre del museo, la verja se abre para subir las escaleras que llevan al propio museo, rodeado de una naturaleza exuberante. No hay que olvidar ir a la última terraza que da a la parte trasera del museo: hay unas sorprendentes vistas sobre tres casas de propiedad privada que dominan el museo. Entre estas construcciones privilegiadas, en plena naturaleza, vale la pena fijarse sobre todo en la casa con aires de chalé suizo, así como la casa amarilla, justo encima, que fue una antigua fábrica de collares.

Antes de la entrada del museo, a la derecha, hay un espeluznante aparato de respiración artificial de metal, antecesor de la incubadora: de nombre Emerson Respirator, fue fabricado en 1920 por la empresa norteamericana J. H. Emerson en Massachusetts y perteneció al Hospital Municipal Jesús.

Dentro del propio museo, agradablemente dispuesto con una mezcla de vídeos, textos y objetos de época, vale la pena ver la reproducción de un torno de los expósitos (ver p. 167), que se utilizaba para abandonar a un recién nacido sin ser visto en un monasterio o en una "santa casa".

Saliendo del museo, se disfruta de una vista espectacular sobre una preciosa casa colonial con terraza, inundada por la vegetación, que alberga un templo taoísta.

PROYECTO MORRINHO

Favela de Pereirão
Laranjeiras
• Posible visita con cita previa. Cirlan viene a recogerle a la entrada de la favela (acceso por Santa Teresa o por Laranjeiras)
cilanoliveira@hotmail.com
• Tel.: (21) 77556928, (21) 983086298 o (21) 968025844

Una obra de arte en una favela

Dentro de la favela de Pereirão, situada encima del barrio de Laranjeiras, cerca del Liceo Francés de Río, el proyecto Morrihno ('pequeña colina' en portugués y, por extensión, 'pequeña favela' en Río) es apenas conocido por los habitantes de Río.

Sin embargo, el proyecto ha dado la vuelta al mundo: estuvo presente en la 52ª Bienal de Venecia en 2007 y en el MoMA de Nueva York en 2009 y está expuesto en el Museo de Arte de Río (MAR), donde se ve la marca de fábrica de este proyecto: las reproducciones en miniatura del hábitat de las favelas de Río, cuya arquitectura, violencia y topografía fascinan al mundo entero.

La aventura arranca en 1997: Cirlan Oliveira tiene 15 años de edad cuando llega a Pereirão. Se aburre y, para matar el tiempo, reconstruye la favela que tiene ante sus ojos con lo que tiene a mano: ladrillos y tierra.

El realismo de la instalación es tal, que la policía, en plena guerra de bandas, toma la obra de arte naciente por un plano a tamaño reducido de la favela, que habría sido creado para preparar la fuga de traficantes (drogas y armas) durante las operaciones militares. Los artistas se defienden y convocan a las autoridades, evitando por poco la destrucción del proyecto.

En 2002, dos realizadores sacan el proyecto del anonimato grabando un documental de éxito. Entre 2004 y 2009, es el caramelo de las exposiciones internacionales, dentro de todo el exceso que puede ofrecer el mercado del arte.

Hoy las peticiones para exponer el proyecto son menos numerosas, pero siguen siendo regulares y Morrinho ha crecido: producciones de películas, proyectos sociales, exposiciones itinerantes y turismo en la favela representan cuatro partes de su actividad. Para Cirlan Oliveira, "Lo habré conseguido cuando los jóvenes puedan, tras su experiencia aquí, vivir de su arte sin nosotros".

La instalación, que se visita hoy previa reserva, está en constante evolución, al igual que la favela: monumental y a la vez frágil, necesita ser reparada tras cada lluvia torrencial.

SOCIEDADE BUDISTA DO BRASIL

Estrada Dom Joaquim Mamede, 45
Santa Teresa
• Meditación todos los días a las 18 h salvo los domingos
• Domingo: meditación y enseñanza de 16.30 a 18.30 h aproximadamente
• Jueves: grupo de estudio a las 17 h
• Posibilidad de retiros espirituales en silencio
• Tel.: (21) 2245-4331 • sbbcursos@gmail.com
• www.sociedadebudistadobrasil.org

Budistas en Santa Teresa

No se pasa por casualidad delante de la Sociedad Budista do Brasil. Y aún pasando por delante, es fácil no darse cuenta que de que existe.

Para llegar hay que tomar, desde la Rua Almirante Alexandrino, la Rua Dom Joaquim Mamede que une Santa Teresa al centro de la ciudad, pasando por la Estrada do Sumaré. Unos 500 metros más lejos, a la izquierda, hay una escalera que sube hacia el bosque, cubierta de dibujos e inscripciones que anuncian el sitio. Tras aparcar a los pies de la escalera, hay que subir el centenar de escalones que llevan al centro budista, fundado oficialmente en 1967 por miembros de la sociedad teosófica de Brasil.

El centro está especializado en la enseñanza y la práctica del budismo Theravāda, la rama más antigua del budismo, presente principalmente en Sri Lanka, en Tailandia, en Birmania, en Camboya y en Laos.

Abre con regularidad a los miembros y a los visitantes puntuales, para las meditaciones y las enseñanzas que representarán una excelente ocasión para iniciarse en la meditación y conocer el budismo. Aunque no hay un

monje propiamente dicho que dirija el centro o que viva en él de forma permanente, monjes del mundo entero vienen regularmente a pasar temporadas de hasta varios meses.

Las meditaciones, que practicaban unas treinta personas cuando estuvimos allí, tienen lugar en lo alto del centro, en el tejado del edificio que ofrece una bella vista sobre el resto de la ciudad. Curiosamente, el Corcovado, visto desde la sala de meditación, parece bendecir el centro, en un bello ejemplo de sincretismo religioso. Para algunos, Jesús es en efecto un avatar (manifestación) del príncipe divino, como lo son Mahoma, Zoroastro, Buda y Krishna.

ANTIGUA EMBAJADA DEL VATICANO EN RÍO

Centro Educacional Anísio Teixeira
Rua Almirante Alexandrino, 4098

> *Un castillo directamente inspirado en el Palazzo Vecchio de Florencia*

Casi en la esquina de la Rua Almirante Alexandrino y de la Rua Dom Joaquim Mamede hay un edificio, construido en 1942, que parece un castillo florentino: es el Centro Educacional Anísio Teixeira (CEAT), una escuela que ocupa los muros de la antigua Embajada del Vaticano en Río.

El edificio es un encargo del banquero Oscar Sant'Anna que, durante un viaje a Italia, se enamoró del Palazzo Vecchio de Florencia. Fotografió el edificio desde todos sus ángulos, regresó a Río y le pidió al arquitecto Faro Filho que construyera el edificio inspirándose en el palacio florentino. Efectivamente, la torre del castillo carioca se parece mucho a la de su ancestro florentino (ver fotos).

Más tarde la familia vendió el castillo al Vaticano, quien añadió una capilla y estableció su embajada en él hasta 1960, año en que la capital se trasladó de Río a Brasilia. De hecho, se puede apreciar el escudo papal en la vidriera de la iglesia.

La callejuela justo detrás del colegio también tiene algunas casas con nombres que recuerdan a su antiguo propietario: villa Graças a Deus, villa Santa Ephigenia, villa S. Gabriel.

CAMINO DEL GRAFITI

Favela dos Prazeres, Santa Teresa
Casarão dos Prazeres
Rua Almirante Alexandrino, 3286
• Tour Santa Prazeres: (21) 99104-7452 o (21) 96435-9998
• Visitas guiadas en portugués, inglés o francés todos los días previa reserva con los guías de la favela. 40 R$ por persona
• Bus: 507, 014, 007, 006

" Arte urbano, vista sobrecogedora y desarrollo comunitario

El Camino del Grafiti (Caminho do Grafite), inaugurado en febrero de 2014, es una exposición permanente de unos 80 grafitis, pintados en las paredes de las casas del Morro dos Prazeres, por 40 grafiteros de Río y de otros países, coordinada por el responsable del proyecto, Marcio Swk, habitante de la favela y grafitero de renombre. Recorrer el Camino toma al menos una hora y permite también descubrir cómo es una favela carioca.

El punto de encuentro de la visita está en la entrada de la favela, delante de lo que hoy se conoce como Casarão dos Prazeres, un gran edificio de principios del siglo XX, que en sus inicios fue la residencia de una familia alemana, después una escuela, luego quedó abandonada mucho tiempo hasta que la restauraron para convertirla en un centro de actividades artísticas y educativas para los habitantes.

La visita comienza en una escalera en la que los versos de un poema adornan cada peldaño. Justo después se llega al primer punto destacado de la visita –el 'espacio Dona Branca'– un antiguo vertedero transformado en un pequeño jardín de árboles frutales, legumbres y plantas medicinales que cuida doña Branca que vive al lado. No muy lejos aparecen, en una explosión de colores, los primeros grafitis, de todos los tamaños, formas e inspiraciones. Luego se llega a la plaza Doce Mel, un mirador que ofrece distintas vistas de la ciudad, desde donde se admira de cerca el Cristo Redentor, con el Pan de Azúcar (Pão de Açucar) enfrente, con la Ensenada de Botafogo más abajo. Del otro lado, se pueden ver varias favelas, el centro de la ciudad, el puente Rio-Niterói y la zona norte. A lo lejos, destaca el pico Dedo de Deus (Dedo de Dios), en las montañas de Terezópolis.

El Camino continúa hacia una experiencia casi salvaje. Durante unos 300 metros hasta lo más alto de la colina, se atraviesa un bosque lleno de árboles, a veces acompañados de tucanes. En lo alto, otra sorpresa: un campo de fútbol y una vista de 360 grados sobre la ciudad. Detrás del campo, mirando de frente, se puede ver el bosque de Tijuca y el avance inmobiliario sobre la vegetación. En el descenso, se pasa, al menos, por otros dos miradores. Uno de ellos era una zona deteriorada, llena de basura, que los vecinos han transformado en el Jardín de los Placeres (Jardim dos Prazeres).

En el morro, en las favelas Prazeres y Escondidinho, la población estimada es de 7 000 personas. Desde febrero de 2011 ambas favelas cuentan con la presencia permanente de una Unidad de Policía Pacificadora (UPP).

IGLESIA ORTODOXA RUSA SANTA ZENÁIDE

Rua Monte Alegre, 210 - Santa Teresa
Abierto los domingos de 9 a 11.30 h aproximadamente
• Misa los domingos a las 10 h
• Tel.:(21) 2252-1471

Rusia en Río

Aunos metros de la casa-museo Benjamin Constant, un poco más abajo en la Rua Monte Alegre, unas cúpulas doradas con forma de bulbo atraen la atención de los más curiosos. Abierta únicamente los domingos por la mañana (basta con empujar la puerta que da la impresión de estar cerrada), la iglesia ortodoxa rusa de Santa Teresa fue edificada en 1927 por los rusos blancos que huían de la revolución bolchevique. Eligieron el barrio de Santa Teresa porque residían numerosos rusos y brasileños acomodados: el barrio se desarrolló a partir de 1850 porque, al estar situado a cierta altura, llegaban menos mosquitos portadores de la fiebre amarilla.

Cuidado: como en la mayoría de las iglesias ortodoxas, no está permitido sentarse para disfrutar plenamente de la atmósfera, de los cantos y del iconostasio que separa al clérigo de los fieles.

La iglesia debe su nombre al hecho de que la esposa del arquitecto de la iglesia, Gleb Konstantínovich Sákharov, se llamaba Zenáide. Santa Zenaida pertenecía a la familia de san Pablo. Su nombre significa 'de la familia de Zeus' o 'hija divina'.

Los primeros rusos llegaron a Brasil a finales del siglo XIX, principalmente a Rio Grande do Sul, para cultivar tierras.

EN LOS ALREDEDORES:

LOS VESTIGIOS DEL "PLANO INCLINADO" DE SANTA TERESA

Casa-museo Benjamin Constant
Rua Monte Alegre, 255, Santa Teresa
Tel.: (21) 3970-1177 y (21) 3970-1168
Abierto de miércoles a viernes de 13 a 17 h. Sábados y domingos de 10 a 17 h

Al fondo, a la izquierda del jardín de la casa-museo Benjamin Constant, destaca un segmento del muro que da al jardín que tiene dos agujeros circulares. Por estos agujeros pasaban los cables del plano inclinado que unía la Rua de Matacavalos (antiguo nombre de la Rua Riachuelo) con la terminal de trenes en el Largo do Guimarães, bordeando el museo actual. Inaugurado en 1877, el plano inclinado funcionó, a vapor, hasta 1894, al mismo tiempo que el famoso tranvía de Santa Teresa. Construido por el ingeniero Jánurio Cándido de Oliveira, medía 513 metros de largo y requirió la construcción de tres viaductos. Su estación de cabecera estaba en el 89 de la Ladeira do Castro.

LOS TORNOS DE EXPÓSITOS DEL CONVENTO ㉒ DE SANTA TERESA

Ladeira de Santa Teresa, 52
Santa Teresa
• Abierto de lunes a viernes de 6 a 12 h y de 14 a 17 h. Sábados y domingos hasta las 16 h

Para abandonar a su hijo con total discreción

Aunque existen varias reproducciones de tornos de expósitos en Río (ver pág. anexa), los del convento de Santa Teresa son los únicos que siguen en su emplazamiento original. Estos tornos de madera servían para abandonar a los niños de corta edad (ver pág. anexa) con total discreción. Los dos ejemplares del convento están en la sacristía, uno a la derecha de la iglesia, el otro en la sala situada a la izquierda del santuario, que también tiene unos azulejos preciosos.

Cabe destacar que, en ambos casos, el espacio donde depositaban a los niños está en la parte inferior del torno. Aunque es un espacio profundo, es relativamente bajo, para evitar que se abandonasen niños muy mayores... También se usaba (y se sigue usando hoy) la parte superior de estos tornos como vía de comunicación entre las monjas de clausura y el mundo exterior, sin que estén obligadas a ser vistas o a hablar.

El primer torno de expósitos de Brasil se instaló en Salvador en 1726. En la segunda mitad del siglo XIX, hubo hasta catorce tornos en el país. El último que estuvo en activo es el de São Paulo, que retiraron en 1949. En Río, empezaron a funcionar en 1738 y dejaron de hacerlo doscientos años más tarde, en 1938, con la creación del tribunal de menores.

Hay una réplica de una rueda de expósitos en el museo del IHGB (Instituto Histórico y Geográfico Brasileño –ver p. 122–), otra en el Museo Brasileño de Pediatría en Cosme Velho (ver p. 157) y otra en el Internado (Educandário) Romão Mattos Duarte (Rua Paulo VI, 60, Flamengo), pero que no se expone permanentemente.

La Casa del Torno, llamada más tarde Casa del Abandono y hoy internado Romão Mattos Duarte, en honor al fundador de la primera casa, llevó a cabo su labor al lado del hospital de la Santa Casa da Misericórdia, entre 1738 y 1821. Cambió de sede en numerosas ocasiones hasta que se instaló en la sede actual, en Flamengo, en una gran casa construida en 1911, en un terreno que perteneció al conde de Eu, esposo de la princesa Isabel.

ABANDONAR A SU HIJO: UNA MANERA DE LIBRAR A BEBÉS NEGROS DE LA ESCLAVITUD

Se calcula que en los siglos XVIII y XIX, 10% de los bebés nacidos en Brasil eran abandonados a causa de la miseria, en las clases pobres, o para proteger el honor de mujeres de clase alta, embarazadas sin estar casadas. También se consideraba el torno como una oportunidad para librar a los bebés negros de la esclavitud: algunas esclavas abandonaban a sus hijos en los tornos para liberarlos.

LOS TORNOS DEL ABANDONO

Dateo, cura de Milán, habría colocado desde 787 un capazo en el exterior de su iglesia con el fin de acoger a los recién nacidos abandonados. Posteriormente, a partir de 1188, las primeras iniciativas para acoger a los niños abandonados tuvieron lugar en el hospicio de Chanoines en Marsella. Sin embargo fue el papa Inocencio III (1160-1216, papa desde 1198 hasta su muerte) quien institucionalizó esta práctica. Testigo del terrible espectáculo de cadáveres de niños abandonados flotando sobre el Tíber en Roma, decidió poner en marcha un procedimiento para salvarlos.

Colocados en las puertas de los conventos y diseñados para preservar el anonimato de los padres que se veían obligados a llegar a esta situación extrema, los «tornos de los inocentes» tenían una cuna giratoria accesible desde el exterior. Depositaban al niño y tocaban una campanilla para avisar a las monjas, las cuales, ya prevenidas, accionaban el torno para poner al niño a buen recaudo en el convento. Hay que tener en cuenta que el acceso al torno estaba protegido por una verja que tenía las medidas justas para que solo pudieran caber los recién nacidos más pequeños...

El papa Gregorio VII y Gengis Kan forman parte de los bebés abandonados más famosos.

ACADEMIA BRASILEÑA DE LITERATURA DE CORDEL ㉓

Rua Leopoldo Fróes, 37
Santa Teresa
• Tel.: (21) 2232-4801 o (21) 2221-1077
• Abierto todos los días de 9 a 18 h cuando Gonçalo no está de viaje

La cultura popular en rimas académicas

A unos pasos del curioso taller con forma "de tranvía" de Getúlio Damaso que reclicla materiales recuperados, la Academia Brasileña de Literatura de Cordel fue fundada por Gonçalo Ferreira da Silva, hoy director de la Academia.

El *cordel*, un tipo de literatura que ha sobrevivido en Portugal y en Brasil, así como en algunos países europeos, es una recopilación de textos cortos, en verso, destinada a informar a la población que lee poco y que no compra libros "caros y aburridos". Una especie de historia narrada en verso.

Las páginas del *cordel* tratan muchos temas: sucesos, historia reciente y antigua, ecos de sociedad, análisis político, económico, científico o biografías de todas las personalidades que han marcado el mundo, desde Gandhi hasta Mao Tsé-tung, desde Laplace hasta Arquímedes.

Gonçalo nace en 1937, en Ipu, en el estado de Ceara. Su madre no sabe leer, su padre un poco. Aprende algunas nociones con vecinos de buena voluntad. Tras conocer la miseria, se marcha a los 14 años mintiendo sobre su edad para

poder llegar a Río de Janeiro. Tras unos meses vagando y durmiendo en las calles, empieza a frecuentar a esos trovadores llamados "cordelistas": participa en sus encuentros donde los duelos verbales estimulan buscar la buena rima, la palabra justa, la precisión de la idea. Todos tienen en común un profundo conocimiento de la lengua portuguesa. Gonçalo publica su primer folleto en 1978 y, junto con otros seis colegas, funda la Academia el 7 de septiembre de 1988. Hoy la Academia cuenta con 40 enamorados de la hermosa lengua, de los duelos verbales y del buen humor. Todos tienen en mente un mismo lema: "Produzir, Preservar, Divulgar" (producir, preservar, divulgar). Su misión es ilimitada: ofrecer a las poblaciones modestas la posibilidad de descubrir el mundo a través de los escritos.

La visita al nº 37 de la Rua Leopoldo Fróes permite comprar un *cordel* (existen en muchos idiomas, por 2 reales el ejemplar), discutir con Gonçalo (en portugués) y si, cuando él declama la leyenda de Uirapuru (el pájaro que solo canta una vez al año y cuyo canto impone el silencio absoluto en el bosque amazónico), no se comprende todo, no hay que preocuparse: saborear simplemente esas rimas que rebotan y se cruzan es un gran placer.

¿DE DÓNDE VIENE LA PALABRA *CORDEL*?

La palabra *cordel* viene de la costumbre de colgar los folletos en cuerdas cual ropa al viento, sujetados con pinzas de ropa. Era una técnica para exponer numerosos ejemplares en un espacio reducido, sin gastos. Las ilustraciones de los folletos son xilograbados (grabado en madera) monocromos, realizados por diferentes artistas con un estilo sencillo y expresivo.

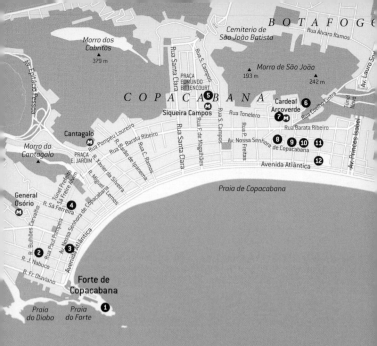

COPACABANA
URCA

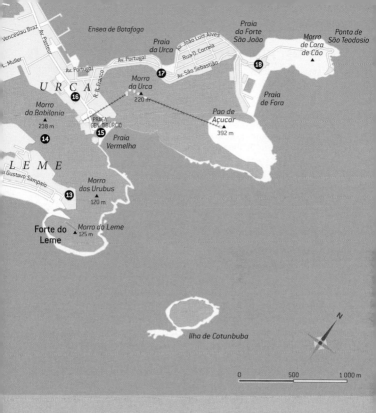

EL MECHÓN DE PELO DE NAPOLEÓN ❶

Museo Histórico del Ejército - Fuerte de Copacabana
Praça Coronel Eugênio Franco, 1 (al final de la Avenida Atlântica, en el Posto VI)
• www.fortecopacabana.com
• Abierto de martes a domingo de 10 a 20 h • Entrada: adultos 6 R\$, mayores de 60 años y estudiantes 3 R\$, gratis para los menores de 10 años, los mayores de 80 años y los miembros de las Fuerzas Armadas
• Metro: General Osório • Bus: 121, 126, 127, 484, 455

> ¿Cómo llegó a Río un mechón de pelo del emperador de Francia?

¿Quién se iba a imaginar que un mechón de pelo del que fue emperador de los franceses se exhibiría en un museo de Río? Expuesto en el "Despacho de curiosidades" del Museo Histórico del Ejército, no llama en especial la atención aunque se encuentre junto a un pequeño busto y a una estatua de Napoleón Bonaparte.

Este mechón fue donado en 1992 por la familia del mariscal Castelo Branco, primer presidente del régimen militar de 1964, tras su muerte.

Aunque en la vitrina una escueta nota en francés indica solamente que el mechón se obtuvo después de la muerte del emperador, los archivos dicen un poco más.

Tres semanas antes de morir, Napoleón dictó su testamento a su ayuda de cámara, Marchand. Entre otras instrucciones, decidió que le cortasen el cabello una vez fallecido para añadir mechones de su pelo a unas pulseras de oro destinadas a su madre y a sus hermanos.

Marchand respetó las instrucciones de Napoleón y tras su muerte le cortó el pelo en dos etapas. Primero, cortó solo el pelo de la parte superior del cráneo y en el funeral se expuso el cuerpo con la cabeza cubierta con un sombrero. El resto del pelo fue cortado poco antes del entierro.

No obstante, se desconoce cuántos mechones se cortaron, cómo se repartieron más allá de lo que determinaba el testamento y por qué la familia del mariscal Castelo Branco poseía uno.

LA ACERA DEL POETA CARLOS DRUMMOND DE ANDRADE ❷

Largo do Poeta
Esquina de la Avenida Rainha Elizabeth con la Rua Conselheiro Lafaiete
• Metro: General Osorio

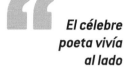

El célebre poeta vivía al lado

En la esquina de la avenida Rainha Elizabeth con la calle Conselheiro Lafaiete, llamada Largo do Poeta (la plaza del Poeta), es fácil no ver los textos que figuran en el suelo de adoquines portugueses, en las cuatro esquinas de la plaza. Son fragmentos de los cuatro poemas de Carlos Drummond de Andrade (1902-1987), uno de los poetas brasileños más importantes, que vivió muy cerca de aquí, en el número 60 de la calle Conselheiro Lafaiete. En ellos se lee:

"¡Oh vida futura! Nosotros te crearemos" (del poema "Mundo Grande")

"Y ahora José" ("José")

"Voluntad de cantar. Pero tan absoluta que me callo, saciado" ("Canto Esponjoso")

"Toda historia es remordimiento" ("Claro Enigma")

Homenaje póstumo de Río al autor nacido en Minas Gerais, la plaza del Poeta se inauguró en agosto de 1990. Poeta y cronista que publicó numerosas obras, Drummond también fue jefe de gabinete del ministro de Educación, Gustavo Capanema: en el despacho que era el suyo, en la antigua sede del ministerio, hoy Palacio Capanema, hay un cuadro, *Água*, de la serie abstracta de Portinari (ver p. 48).

A Drummond le encantaba pasear por su barrio. Iba hasta la playa bajando por la Avenida Rainha Elizabeth. Y ahí, frente al mar de Copacabana, está sentada, en un banco del paseo, su célebre estatua de bronce.

MOSAICO DE LYGIA CLARK

Avenida Atlântica nº3992

Los primeros pasos de una gran artista

En la entrada del edificio residencial del nº 3992 de la Avenida Atlântica, entre Av. Rainha Elisabeth y Rua Julio de Castilhos, se puede ver desde la acera, en un lateral, un auténtico tesoro olvidado del arte contemporáneo brasileño: un mosaico multicolor que representa cuerpos humanos y formas abstractas. La fecha de la obra, 1951, aparece en la esquina inferior derecha, al lado de la firma de Lygia Clark, una de las artistas más importantes del país. Los apasionados del arte tendrán el reto de identificar, en este trabajo de la que era en aquel entonces una pintora y escultora en ciernes, los primeros pasos de la gran obra de Lygia Clark. Artista revolucionaria que se autodenominaba como 'no-artista', Lygia Clark rompió los paradigmas y rompió con el arte formal: en 1954, ya incorporaba a sus obras el marco como un elemento plástico.

Nacida en Belo Horizonte en el Estado de Minal Gerais en 1920 y fallecida en Río de Janeiro en 1988, Lygia fue una de las fundadoras del neoconcretismo. Pasó gradualmente de lo plano a lo tridimensional y en 1960 creó los Bichos, objetos móviles hechos de placas de metal que invitan al espectador a manipularlos.

Luego desarrolló la exploración sensorial, buscó experiencias corporales y se concentró en las posibilidades terapéuticas del arte sensorial, lo que le llevó, al final de su vida, a considerar su trabajo como algo más cercano al psicoanálisis. La obra de Lygia Clark está reconocida en el mundo entero y museos importantes le dedican retrospectivas. En 2013 sus obras alcanzaron precios récord entre los artistas brasileños en subastas en Brasil y en el extranjero.

La importancia de los Bichos es tal en la obra de Lygia Clark que en 2015, para celebrar los 95 años de su nacimiento, Google le rindió homenaje con un *doodle* especial que recreaba los Bichos.

PARA VIVIR FELICES, VIVAMOS ESCONDIDOS

Algunos vecinos mayores de la calle que hoy frecuentan la biblioteca afirman que la casa no tiene ventanas porque el dueño no quería que los transeúntes viesen las fiestas que se celebraban ahí. Asimismo, los vestigios de la estructura del muro adyacente a la calle, en el pequeño jardín, parecen confirmar la versión según la cual el propietario pidió construir una escalera que diese directamente a su habitación para poder recibir con total discreción a sus visitas galantes.

BIBLIOTECA ESCOLAR MUNICIPAL DE ❹
COPACABANA CARLOS DRUMMOND DE ANDRADE

Rua Sá Ferreira, 80
• Tel.: (21) 2267-5561 o (21) 2227-0783
• Abierto de lunes a viernes de 9 a 17 h (último acceso a las 16.45 h)
• Entrada gratuita
• Metro: estación General Osório (salida Sá Ferreira)

La casa
sin ventanas

Encajada entre un edificio y la calle Saint Roman, una calle empinada que da acceso a la favela de Cantagalo/Pavão-Pavãozinho, la Biblioteca Escolar Municipal de Copacabana se encuentra en uno de los edificios más insólitos de la ciudad, considerado el proyecto arquitectónico más vanguardista de Brasil de los años 20 gracias a sus detalles inusuales, como los elementos *art déco* y los volúmenes que se superponen. También conocida como "la casa sin ventanas", la biblioteca es pequeña y, aunque está destinada a los niños (que la han apodado 'castillo de la bruja'), también recibe a los adultos de Copacabana.

El edificio, inscrito en el patrimonio de la ciudad de Río en 1996, es conocido oficialmente como la Casa Villiot. Proyecto del arquitecto italiano Antonio Virzi (ver p. 133), la casa fue diseñada para albergar la residencia del ingeniero Victor Villiot Marins. Edificada en 1929, causó tal impresión que hasta el presidente de la República, Washington Luiz, fue a visitarla en persona. Es la última obra de Virzi que se conoce en Río.

Medio escondida tras un muro, la casa tiene casi que ser descubierta. Pero una vez dentro, reinan la belleza y la imaginación creativa: a pesar de

la ausencia de ventanas, tiene una luz natural agradable gracias a sus numerosas y discretas aberturas y a las dos fuentes (hoy fuera de uso) situadas en lo que fue el salón y el comedor.

Esta residencia de dos plantas fue restaurada en 2006.

A pesar la presencia de algunos detalles y de las estanterías de libros que impiden apreciar la perspectiva interior, se pueden ver los recovecos, las curvas, los ángulos o los paneles decorativos pintados a mano, así como las increíbles lámparas originales.

Es de observar también la bañera que está en una sala de la segunda planta, cerca de lo que fue la habitación principal.

IGLESIA DE SANTA CRUZ DE COPACABANA ❺

Centro comercial Cidade da Copacabana (también conocido como el centro comercial de los anticuarios)
Rua Siqueira Campos, 143, 4ª planta
• Tel.: (21) 2235-3200
• Abierto todos los días
• Entrada gratuita
• Metro: Siqueira Campos

> **Una iglesia moderna en la terraza de un centro comercial**

A unos pasos del metro, en el barrio situado entre las calles Siqueira Campos y Figueiredo Magalhães, hay que subir por las rampas circulares poco transitadas del centro comercial Cidade da Copacabana hasta la cuarta y última planta, para descubrir la iglesia de Santa Cruz de Copacabana, escondida en una especie de terraza cimentada y decorada con macetas de flores. La iglesia de 400 m² tiene paredes acristaladas y el tejado, de cemento ligeramente curvado, adopta la forma de dos bóvedas que se unen, lo que da una sensación de ligereza que contrasta con los grandes bloques de edificios que la rodean.

Más allá de su arquitectura moderna, esta iglesia de decoración austera, inaugurada en julio de 1961, antes de que concluyera la construcción del centro comercial, destaca también por la fiel réplica del Santo Sudario que se encuentra en el muro del fondo, detrás del altar. Hecho de tela e impreso en

serigrafía, fue donado a la iglesia a principios de los años 2000 por el Centro de Sindonología (estudios del Santo Sudario) de Turín, en Italia.

El centro comercial Cidade da Copacabana es uno de los primeros de Río de Janeiro y fue diseñado por el estudio de arquitectura Mindlin & Associados. Cuenta con largos pasillos y una rampa circular que recuerda a la del Museo Guggenheim de Nueva York, muy atrevida para la época y que permitía un flujo de visitantes más continuo.

PARQUE DE CHACRINHA

Al final de la Rua Guimarães Natal, entre Ladeira do Leme y la Rua Assis Brasil
- Abierto de martes a domingo de 8 a 17 h
- Entrada gratuita
- Metro: Cardeal Arcoverde

El parque escondido de Copacabana

Paseando por la ruidosa Rua Barata Ribeiro, donde está la estación de metro Cardeal Arcoverde, es difícil imaginar que, cerca, al final de la Rua Guimarães Natal, se encuentra la entrada al parque de Chacrinha, en medio de los edificios y de las colindas de São João y de Babilônia. Este parque es una de las últimas zonas con vestigios del bosque atlántico en la "zona sul". Tiene un sendero que se puede recorrer en casi una hora.

Aparte de la vegetación y de los animales, los pocos vestigios cuentan un poco la historia del barrio y de Río. A un extremo del sendero, están los restos de los cimientos de la Casa de Teodoro: data probablemente de principios del siglo XIX y es de piedra, tierra y concha. Se dice que en su día fue la casa más antigua de Copacabana y que habría pertenecido al pescador Teodoro.

Antiguamente, algunos caminos del parque eran recorridos por indígenas y militares que protegían la ciudad. El "camino de las mulas", por ejemplo, se inauguró en la época colonial para transportar las provisiones de los soldados que vigilaban Río. También están las ruinas de las plataformas que se usaban para hacer la ronda, las de un santuario y las del acueducto que transportaba el agua recogida en las paredes rocosas de la colina hasta una fuente, cuyos restos se pueden ver también.

Con una superficie de 13,3 hectáreas, el parque posee también un área de ocio y deporte, cerca de la entrada. Algunos se aventuran fuera del sendero histórico-natural para practicar la escalada.

Aunque abrió formalmente en 1969 (primer parque de la ciudad), hubo que esperar unos veinte años para que el parque de Chacrinha empezase a cumplir su función de espacio público y a asumir su misión de proteger la naturaleza. Hasta entonces, estaba ocupado por una favela, servía de basurero y era utilizado por una escuela de samba.

LA BATICUEVA DE COPABACANA

Rua Barata Ribeiro a la altura de la Rua Rodolfo Dantas
• Abierto todos los días en los horarios de apertura del metro
• Metro: Cardeal Arcoverde

Batman en Río

Accediendo a los andenes del metro de la estación de metro Cardeal Arcoverde, se observa enseguida que gran parte de las paredes y del techo tiene el aspecto de la piedra en bruto, logrado con un simple revestimiento de cemento, que recuerda a una cueva. Encontramos la misma decoración en los pasillos de tránsito, una planta más arriba, donde está el largo conducto de ventilación de la estación que va hasta la superficie. Poniéndose debajo del conducto y mirando atentamente hacia arriba, se descubre el sorprendente logo, iluminado, del famoso Batman.

Esta inesperada presencia es un ejemplo más del humor y de la irreverencia de los cariocas. Todo empezó un poco antes de la inauguración de la estación, cuando un ingeniero llevó a sus hijos a ver la obra, bromeando sobre el hecho de que era ahí donde estaba la cueva de Batman. Los niños se entusiasmaron…, pero querían una prueba. A uno de los ingenieros se le ocurrió entonces poner el logo de Batman en la salida del conducto. Los niños volvieron y se quedaron encantados: ¡era lo que faltaba para confirmar la condición de Baticueva! Después de la inauguración, en junio de 1998, los usuarios de la estación se encariñaron también con el Batman carioca. Hasta tal punto, cuentan los empleados más viejos, que cuando el dibujo del logo se deterioró y se borró, la gente "exigió" que pusieran uno nuevo. El logo actual es el tercero, después de dos cambios.

UNA ESTACIÓN CON DECENAS DE EJEMPLARES DE ROCAS BRASILEÑAS

En el jardín de la estación, calle Barata Ribeiro, un gran bloque de piedra rosa vaticina lo que descubriremos dentro: contrariamente al resto de las estaciones de Río, el suelo está recubierto de decenas de diferentes tipos de piedras brasileñas, "formadas hace más de 400 millones de años", como lo indica el texto grabado sobre una puerta de acero medio escondida en el andén de la zona norte.

Titulado *Embarque en la estación Tierra*, el texto explica la formación del planeta y describe las piedras de este modo: "El tiempo y los movimientos de la Tierra son los artistas que han creado las piedras. Las tintas que han usado son mezclas de moléculas y de átomos".

LOS VESTIGIOS DE LOS MORROS DE INHANGÁ ❽

Avenida Nossa Senhora de Copacabana, junto al número 374
• Metro: Cardeal Arcoverde

*La escalera
del morro
que cortaba
la avenida en dos*

Entre el número 374 de la Avenida Nossa Senhora de Copacabana y la sala Baden Powell, una larga escalera de 75 peldaños recorre los vestigios de los antiguos morros de Inhangá que dividían en dos la Avenida Nossa Senhora de Copacabana. La escalera termina en la calle General Barbosa Lima, una calle tranquila que en realidad es un callejón sin salida y que empieza al otro lado del morro, a la altura de la pequeña calle General Azevedo Pimentel, que desemboca en la Avenida Barata Riveiro, frente a la plaza Cardeal Arcoverde. Otra escalera (77 peldaños) va desde donde acaba la primera escalera hasta la cima del morro. El paseo da una idea de la transformación de Copacabana.

Hasta los años 20, uno de los tres morros se encontraba detrás y a un lado del famoso hotel Copacabana Palace. Fue demolido para que la Avenida Nossa Senhora de Copacabana, entonces cortada en dos, formase un único bulevar de 3,2 km. En 1934, otro pequeño morro fue eliminado del mapa para construir la piscina del Copacabana Palace (hasta que se inauguró la Avenida Atlântica en 1906, este pequeño morro dividía la playa en dos con marea alta). En 1951, se demolió lo que aún quedaba en pie para dejar sitio a los edificios Chopin, Balada y Prelúdio, al lado del hotel.

Quedan vestigios de este último trozo del morro, detrás de los edificios entre la calle Fernando Mendes y la calle Republica do Peru. Se puede tener una visión parcial desde el patio del colegio Pedro Alvares Cabral.

Inhangá proviene de *anhangá*, una palabra de origen tupi-guaraní que significa 'espíritu maligno', 'alma errante' o 'espíritu que vaga'. El nombre parece proceder del hecho de que la costa rocosa del morro atraía los relámpagos durante las tormentas.

Inscrito en el patrimonio nacional, el Copacabana Palace se construyó para alojar a los visitantes de la exposición del Centenario de la Independencia de Brasil, en 1922 (ver p. 54). No se inauguró hasta 1923 debido a retrasos en la construcción y al violento oleaje que causó daños en las plantas inferiores en 1922. Aunque ninguna escena se rodó en el hotel, este sirvió de inspiración para el guión de *Flying down to Rio* (*Volando a Río* en español, 1933), cuando Fred Astaire y Ginger Rogers bailan juntos por primera vez. Todo se rodó en estudios, en Hollywood, con decorados que reproducían partes del hotel.

EDIFICIO ITAHY ❾

Avenida Nossa Senhora de Copacabana, 252
• Metro: Cardeal Arcoverde

Si hay un edificio en Río que simboliza
el *art déco* nativista, el que representa la
influencia indígena en la modernidad
brasileña, es el Itahy, en el nº 252 de la avenida
Nossa Senhora de Copacabana.

El símbolo del art déco nativo en Río

Concebido en 1932 por Arnaldo Gladosch, hijo de emigrantes alemanes y
arquitecto de São Paulo graduado en Europa en 1926 (en la Escuela Superior
Técnica de Sajonia), el edificio mezcla las referencias del portal rematado por
una espectacular "indígena-sirena-cariátide" *art déco* con el vanguardismo de
una arquitectura depurada de líneas aerodinámicas, presente en la estructura
del inmueble.

Pedro Correia de Araújo, autor de la decoración del portal y del vestíbulo,
nació y vivió en París hasta los años 1920. Hijo de una familia noble de
Pernambuco (unos antiguos y fieles amigos del emperador D. Pedro II que
emigraron con él a París tras la llegada de la República), Correia de Araújo
frecuentó entre otros a Picasso, Léger y Matisse en la Academia Ranson.

Regresó a Brasil con ideas nativistas, influenciado por el artista tapicero
Ivan da Silva Bruhns, otro brasileño instalado en París y uno de los maestros
más importantes del arte de la tapicería. Ver Brasil desde la lejanía les permitía
comprender en qué medida sus orígenes podían crear un estilo propio.

Las piezas cilíndricas de cerámica a los lados de la entrada del edificio
revelan la influencia del pabellón del estudio de diseño de los grandes
almacenes parisinos Printemps, en la Exposición Internacional de las Artes
Decorativas e Industriales Modernas de París de 1925. La puerta de entrada,
de hierro forjado, está decorada con representaciones de algas y tortugas. En el
vestíbulo, un suelo de mosaico reproduce las olas del océano y en las paredes
se ven relieves de peces y de otras referencias marinas.

En el barrio vecino de Leme, en la calle Gustavo Sampaio, el edificio
Manguaba tiene también decoraciones de Pedro Correia de Araújo y una
arquitectura (de Chaves & Campelo, 1936) similar, de factura moderna y
aerodinámica, que evidencian la unión entre el nativismo y el modernismo.
Los paneles de cerámica desde la entrada, las columnas de mayólica…
Todo recuerda al Itahy.

RÍO DE JANEIRO, CAPITAL *ART DÉCO* DE LATINOAMÉRICA

Río de Janeiro es la capital *art déco* de Latinoamérica. La ciudad, que alberga el mayor monumento de este tipo, el Cristo Redentor de Corcovado, posee más de 400 edificios *art déco* relevantes. Al menos 200 de ellos serían dignos de figurar en cualquier recopilación dedicada a este movimiento.

El *art déco* carioca se fue creando con el tiempo, de 1920 a 1950. Su apogeo coincidió con el gobierno de Getúlio Vargas, sobre todo durante el periodo dictatorial del *Estado Novo* (el Estado Nuevo), de 1937 a 1945: Vargas quería mostrar al mundo un Río de Janeiro símbolo de un Brasil nuevo, escaparate de la modernidad y del potencial mundial que Brasil representaba, y el lenguaje arquitectónico universal del vanguardismo de los años 30 era el *art déco*. Algunos ministerios edificados en aquella época, como el de la Guerra, el del Trabajo o el de Economía, son iconos de este tipo. Las oficinas de correos, los aeropuertos, la estación de trenes Central do Brasil (con el ministerio de la Guerra, la estación forma el barrio *art déco* más grande de Latinoamérica), las escuelas públicas, etc.: la mayoría de los edificios oficiales obedecían al estilo *art déco*, ya sea en su componente histórico o aerodinámico (*streamline*).

Mientras que en Europa, las guerras mundiales imposibilitaron el turismo entre 1914 y 1918 y entre 1939 y 1945 (periodos de gestación y de apogeo del *art déco* respectivamente), Río de Janeiro se había convertido en un destino turístico ideal. Y más aún: las existencias europeas de objetos *art déco*, de muebles, de arte en general se vendían con suma facilidad en Sudamérica. Los barcos brasileños partían de Brasil con las materias primas necesarias para la guerra o de primera necesidad, como el hierro, el caucho, el chocolate, el café y regresaban de Europa cargados de cristal, cerámicas, esculturas...

Si hubiese que poner una fecha al apogeo del *art déco* en tierras cariocas, destacarían los dos viajes, en 1938 y 1939, del transatlántico francés Normandie (el buque transoceánico más grande, más moderno y más lujoso de la época, de estilo *art déco*) rumbo al Carnaval de Río, organizados por un agente de Boston, Raymond Whitcomb. Durante el invierno del Atlántico norte, la ruta habitual del Normandie (Le Havre – Southampton – Nueva York) se vaciaba de pasajeros. Intuyendo el éxito,

Whitcomb alquiló el transatlántico y logró llenarlo enseguida. Algunos camarotes, de ambientes diversos, costaban el equivalente a 130 000 dólares.

Cuando llegaba a la bahía de Guanabara, el Normandie, debido a su enorme tamaño, no echaba el ancla en el puerto, sino en la bahía de Botofago. El buque se había convertido en un verdadero espectáculo, por la noche gracias a sus luces y por el día al poder visitarse con tickets que se adquirían en la agencia de la Compañía General Transatlántica.

Hoy en día, Río de Janeiro se ha ido consagrando poco a poco como la capital *art déco* de Latinoamérica: en 1996, en el primer Seminario Internacional Art Déco en Latinoamérica, más de 500 personas rindieron homenaje a esta herencia cultural. En 2011, el 11º Congreso Mundial de Art Déco, organizado por la International Coalition of Art Déco Societies (ICADS) y por el Instituto Art Déco Brasil ("art déco society" pionera en Brasil, fundada en 2005), se celebraba por primera vez en un país latinoamericano, en Río de Janeiro.

EDIFICIO ITAÓCA
Rua Duvivier, 43
Copacabana
• Metro: Cardeal Arcoverde

¿Un talismán art déco?

Uno de los primeros edificios de más de diez plantas de Copacabana, el Itaóca, en el n° 43 de la calle Duvivier, dio al barrio un toque sofisticado y europeo, con sus mansardas en la última planta. Tiene un uso comercial y residencial, especialmente en los apartamentos a nivel de calle que albergan la sede de la Alliance Française.

Diseñado en 1928 por los arquitectos Anton Floderer y Robert Prentice y construido por la empresa Christiano & Nielsen, el edificio tiene una sensibilidad aerodinámica, con sus líneas de volúmenes salientes, sus esquinas redondeadas y sus frisos horizontales, asociados a una entrada que adopta la forma de un portal de inspiración nativista dotada de imponentes columnas de mayólica verde.

Las columnas, así como el eje del edificio, están decoradas con elementos que aluden a los talismanes amazónicos, los *muiraquitãs* (ver página anexa). Diseñadas quizás por Fernando Correia Dias, las alegorías nativistas del Itaóca siguen a la espera de ser estudiadas. Sin embargo no hay duda alguna sobre el origen del portal del edificio: procede de la misma fábrica donde se construyó el portal del Itahy, edificio vecino (ver p. 183). Dentro, el suelo que alterna teselas verdes y amarillas recuerda al estilo brasileño.

Un gran patio interior (inusual en Copacabana) provee de ventilación y luminosidad al edificio.

MUIRAQUITÃS: LOS TALISMANES AMAZÓNICOS

El *muiraquitã* es un talismán al que las tribus indígenas, principalmente amazónicas, atribuyen poderes mágicos. Podía ser de piedra, arcilla, cerámica o incluso de madera. Tenía forma de animal, como la rana (en el portal de Itaóca) o el caimán, pero también de seres humanos estilizados. En el libro de Mario de Andrade, considerado como la epopeya del modernismo brasileño (*Macunaíma*, 1928), la trama se desarrolla en torno a la búsqueda de un *muiraquitã* perdido.

En julio de 1925, en el Teatro de los Campos Elíseos en París, el *ballet* "Légendes, croyances et talismans des Indiens de l'Amazone", adaptado por P. L. Duchartre sobre imágenes dibujadas por el pintor modernista Vicente do Rego Monteiro, cosechó un gran éxito. Durante quince días, mientras la Exposición Internacional de las Artes Decorativas e Industriales Modernas (que consagró el *art déco*) se celebraba en la ciudad y atraía a visitantes del mundo entero, el aforo del teatro de la Avenue Montaigne no dejó de estar lleno.

En Brasil, el escultor Victor Brecheret ha incorporado *muiraquitãs* amazónicos en varias de sus obras, de bronce, terracota o mármol.

EDIFICIO GUAHY

Rua Ronald de Carvalho, 181
Lido
Copacabana
• Metro: Cardeal Arcoverde

> **Uno de los principales edificios art déco de Río**

Proyecto realizado en 1932 y firmado por Ricardo Buffa, el edificio Guahy es uno de los principales edificios *art déco* de calidad de la calle Ronald de Carvalho y de Copacabana. El Guahy se inspira en el proyecto de la "Casa cubista" (ver foto) de Raymond Duchamp-Villon (1876-1918). Presentado en el Salón de Otoño de París en 1912, este proyecto nunca vio la luz.

Por su peculiar morfología, el edificio destaca también las influencias nativistas de los arquitectos modernos: las líneas de las barandillas de los balcones y de la puerta principal aluden a las decoraciones *marayó* (tribus indígenas de la Isla de Marayó, cerca de Belém, al norte de Brasil) y el pórtico de entrada recuerda a un tocado indígena. Sin olvidar el propio nombre Guahy, también de origen indígena.

Guahy estuvo a punto de ser derruido en los años 80. Adquirido por un inversor de Minais Gerais, iba a ceder su emplazamiento a un hotel. Gracias a la intervención de Luiz Paulo Conde, en la época secretario de Urbanismo de Río de Janeiro, fue protegido y catalogado, y el comprador del edificio, en vez de demolerlo, se vio obligado a restaurarlo. Fue en aquel entonces cuando se inició el proceso de conservación de todo el sector del Lido en Copacabana, que posee unos 50 edificios *art déco* dignos de ser restaurados y protegidos.

Numerosas producciones televisivas, incluidas las telenovelas de Globo, se han rodado aquí, *in situ,* o en decorados reproducidos en estudios.

Ricardo Buffa es también el arquitecto de uno de los edificios cariocas más interesantes, en el 108 de la calle Hermenegildo de Barros (Santa Teresa), cuya entrada está rodeada de pilares de estética *art déco*.

Poeta, escritor y crítico de arte, Ronald de Carvalho, que dio su nombre a la calle, fue uno de los mentores del modernismo brasileño.

LA GRAN ESCALERA DEL CINE ROXY: UNA COPIA DE LA DEL TRANSATLÁNTICO L'ATLANTIQUE

Construido en 1934 por el arquitecto Raphael Galvão, el cine Roxy (Av. Nossa Senhora de Copacabana, 945A) posee una preciosa escalera *art déco*, copia fiel de la del comedor del transatlántico L'Atlantique, que se hizo a la mar en 1930.

EL VESTÍBULO DEL EDIFICIO PETRÔNIO   ⑫

Rua Ronald de Carvalho, 45
• Metro: Cardeal Arcoverde

¿Un edificio inspirado en un proyecto de Adolf Loos para Josephine Baker?

También conocido con el nombre de Almeida Magalhães, el edificio Petrônio fue proyectado en 1934 por Carlos Porto y Caio Moacyr, para el propietario y emprendedor Petrônio de Almeida Magalhães.

Se trata de uno de los edificios más destacados de Copacabana: aunque su fachada retoma las líneas aerodinámicas (*streamline*) de su vecino (ver más abajo), la entrada ofrece un hermoso contraste de colores gracias a los mármoles europeos (amarillo de Siena y negro Portoro) de las paredes, del suelo y de la columna central.

Esas franjas de colores estarían inspiradas en un proyecto de 1927 del arquitecto austriaco Adolf Loos (autor del polémico manifiesto *Ornamento y delito*, publicado en 1908) para la residencia de la musa franco-americana del *art déco*, Josephine Baker. La casa, que nunca se construyó, pero que aparece en libros y exposiciones, iba a estar totalmente recubierta de franjas negras y blancas, haciendo referencia evidente al continente negro de los orígenes de la artista y al mundo "blanco" que la consagró. Josephine Baker fue por primera vez a Río de Janeiro en 1929 y levantó ovaciones en el teatro Cassino Beira-Mar.

EL PRIMER RASCACIELOS DE COPACABANA

El edificio vecino OK, en la esquina de la Rua Ronald de Carvalho con la Avenida Atlântica, hoy llamada Ribeiro Moreira, es considerado, con sus catorce plantas, el primer rascacielos de Copacabana (1928).

OBELISCO DE LA AMPLIACIÓN DE LA AVENIDA **13** ATLÂNTICA

Praça Júlio de Noronha
Leme
• Metro: Cardeal Arcoverde

> *Un recuerdo de Copacabana en 1910*

Al final de Leme, en la plaza Júlio de Noronha, un pequeño obelisco pasa totalmente desapercibido. Conmemora sin embargo un acontecimiento importante de la vida carioca: la ampliación de la Avenida Atlântica realizada en 1910, con la que pasó a tener 12 metros de ancho.

Y eso no fue todo: un carril en cada sentido, dos aceras, una mediana donde había algunas farolas y donde colocaron el obelisco que hoy se alza en Leme.

En los años 30, quitaron la mediana y trasladaron el obelisco, que se encontraba a la altura de la Rua Almirante Gonçalves, a su emplazamiento actual. Lamentablemente fue vandalizado: muchas de las letras de bronce desaparecieron por lo que es casi imposible leer la inscripción del monumento.

La avenida no tuvo su aspecto actual hasta los años 1970: bajo las instrucciones del ingeniero Hildebrando de Góes Filho, se ensanchó considerablemente la playa así como, una vez más, la avenida y se recurrió a Roberto Burle Marx para que dibujara sobre la acera las famosas olas (de hecho cambió el sentido de las olas por el que se conoce actualmente).

Aunque hoy la avenida y sus seis carriles son útiles para los automovilistas, son una pesadilla para el resto: los habitantes (no pueden abrir las ventanas de lo ruidosa que es) o los que van a tomarse algo (a veces es difícil hablar con su interlocutor en los chiringuitos de la playa), sin mencionar la lamentable calidad de los bares y restaurantes de playa por falta de espacio. ¿Y si, con la mejora del transporte público, la avenida pudiese volver a ser una avenida de tamaño medio (dos carriles en vez de los seis actuales)? En el espacio ganado a la acera se podrían poner bares y restaurantes dignos de ese nombre, donde sería posible escuchar a su interlocutor y hasta el rumor de las olas, en vez del ruido de los tubos de escape de los innumerables autobuses. Un poco como en el Arpoador...

PASEO POR EL MORRO DE BABILÔNIA ⑭

Favela Inn
Rua Dr. Nelson, 32, Chapéu Mangueira, Leme
• Tel.: (21) 3209-2870 o (21) 99568-4966
• Entrada: Entre 30 y 40 R$
• Bus: 535, 538, 472, 190

Un paseo fantástico y desconocido

Poco conocido, el paseo por la Zona de Protección Medioambiental (APA, *Área de Proteção Ambiental*) del Morro de Babilônia, que domina las casas de las favelas de Babilônia y de Chapéu Mangueira, es un paseo excepcional. En su punto más alto, a 200 m de altura, ofrece una magnífica e inusual vista sobre la ciudad: del Corcovado al Pan de Azúcar, de Copacabana a la Pedra da Gávea, de la bahía de Botofago y del Aterro de Flamengo al centro de Río y a la zona norte.

Sus habitantes, organizados en cooperativas, han repoblado la zona con árboles y se encargan del mantenimiento de los senderos. El paseo dura unas tres horas. Para llegar al principio del camino, hay que cruzar las animadas callejuelas de Babilônia.

El guía, que nació y creció en la favela, muestra el resultado de la reciente reurbanización, el contraste entre lo "nuevo", con sus vistas panorámicas sobre la playa de Copacabana, y las zonas más bucólicas, casi rurales.

Al poco de pasar las últimas casas, en el camino, se experimenta un regreso al pasado al descubrir la residencia de Seu Antonio. Esta casa de adobe en la que vive desde hace 71 años fue construida por su abuelo en 1902 y ofrece un marcado contraste con las viviendas contemporáneas, de ladrillos, dotadas de agua corriente y alcantarillado. Muy simpático, Seu Antonio bien podría invitarle a visitar su casa.

Las especies más características de la fauna y flora de la región están identificadas en los caminos (paneles en inglés y en portugués). Se encuentran también las ruinas del sistema defensivo de la ciudad, de la época del Brasil colonial y de la Segunda Guerra Mundial. Desde que se instaló una Unidad de Policía Pacificadora (UPP) en 2009, las favelas de Babilônia y de Chapéu Mangueira han conocido muchas transformaciones, no siempre exentas de polémicas, fruto de intervenciones urbanísticas e iniciativas de microempresas locales.

EL MORRO DE BABILÔNIA EN EL FESTIVAL DE CANNES

Ganadora de la Palma de Oro del Festival de Cannes en 1959 y del Óscar a la mejor película extranjera en 1960, *Orfeo Negro*, que narra la trágica historia de amor de Orfeo y Eurídice en una favela de Río durante el carnaval, con música de Tom Jobim y Vinicius de Moraes, es una de las referencias de la *bossa nova*. Las escenas de apertura y cierre, cuando mueren Orfeo y Eurídice, se rodaron entre otros lugares en la Pedra do Urubu, que se encuentra en la cima del morro.

Aunque el barrio de Leme se fundó en 1894, en la misma época que Ipanema, la favela de Chapèu Mangueira data de 1889, con chabolas que se construyeron donde está el actual fuerte de Leme. La calle General Ribeiro da Costa albergaba la casa y el primer taller (hoy desaparecidos) del paisajista Roberto Burle Marx (1909-1994). Subiendo por la empinada calle, se descubre también la gran casa amarilla que pertenecía al famoso compositor Ary Barroso (1903-1964), que dio su nombre a la calle. Entre otras canciones populares, escribió *Aquarela do Brasil*. También en Chapéu Mangueira vivió la antigua líder comunitaria Benedita da Silva, que fue elegida consejera y luego gobernadora del estado de Río de Janeiro. Además de *Orfeo Negro*, en esta favela se han rodado otras películas y escenas de telenovelas, como *Babilônia 2000*, del director Eduardo Coutinho.

ESTATUA DE CHOPIN

Praia Vermelha

***Chopin
secuestrado***

Cuando el ejército nazi invadió Polonia en 1939, las radios polacas difundían con insistencia la *Polonesa militar* (Polonesa, opus 40) de Chopin, para conservar el espíritu patriótico de la población. Es por ello que el ejército alemán, cuando se apoderó del país, destruyó la escultura del compositor en Varsovia. En respuesta a esto, los polacos expatriados en Río de Janeiro encargaron una estatua de Chopin a August Zamoysky, que vivió en la ciudad de 1938 a 1955. Entregada en 1944, la estatua fue instalada en Urca, en la Praça General Tibúrcio. En 1951, el alcalde de Río, Mendes de Morais, mandó trasladarla frente al Teatro Municipal, pero, en cada carnaval, Chopin terminaba decorado de guirnaldas, confetis y varios instrumentos de música.

En 1960, como protesta contra el olvido del que era víctima el genio de la ópera nacional, Carlos Gomes, el barítono Paulo Fortes recaudó fondos, inauguró en la Escuela de Bellas Artes la maqueta de la estatua de Gomes que había realizado Rodolfo Bernardelli para la ciudad de Campinas y mandó fabricar una nueva escultura en la fundición de la Rua Camerino. Después

contrató a cuatro transportistas y, al alba, "secuestró" la estatua de Chopin. Tras quedar en el olvido durante un tiempo en un almacén, en 1964 la escultura de Chopin fue colocada en el paseo de Praia Vermelha. Fortes instaló, en el lugar que ocupó Chopin, frente al Teatro Municipal, la estatua del mayor compositor de ópera del continente americano, Carlos Gomes. Hace poco, la han movido a un lado del teatro.

¿POR QUÉ SE COLOCÓ LA ESTATUA DE CHOPIN ENFRENTE DEL TEATRO MUNICIPAL EN 1951?

A principios de los años 1930, la escultura *Mujer con ánfora* de Humberto Cozzo adornaba la Praça Floriano. La fabricaron para decorar (y esconder) la pequeña torre de agua que se construyó para abastecer al teatro mientras lo reformaban. El ingeniero Doyle Maia dirigió las obras, bajo la dirección del alcalde de aquella época, Pedro Ernesto, administrador del distrito federal entre 1931 y 1936. El pedestal de la estatua tenía dos medallones: a un lado, Pedro Ernesto, que había encargado la obra y restaurado el teatro, y al otro, Pereira Passos, constructor del Teatro Municipal.

Cuenta Magalhães Júnior que el alcalde Mendes de Morais, queriendo eliminar del barrio de Cinelândia todo rastro de su predecesor Pedro Ernesto, mandó quitar la escultura de Cozzo para instalar en su lugar la estatua de Chopin. La *Mujer con ánfora* se mudó a Glória y luego frente a la iglesia de Candelária, donde hoy sigue estando.

LA ESCALERA DEL MUSEO DE CIENCIAS DE LA TIERRA

Avenida Pasteur, 404
- Tel.: (21) 2295-7596
- E-mail: mcter@cprm.gov.br
- Abierto de martes a domingo de 10 a 16 h
- Entrada gratuita

Una espectacular escalera olvidada

El museo de Ciencias de la Tierra es el último vestigio de la Exposición Nacional que tuvo lugar en 1908 para celebrar la apertura de los puertos en 1808 (ver siguiente doble página).

El museo exhibe una rica colección de minerales y alberga algunas salas dedicadas a la paleontología y a la geología, en un marco obsoleto, pero encantador. Posee sobre todo una espléndida escalera que conduce a unos bonitos espacios ocupados por despachos (no visitables). Los tres lienzos de la escalera (alegorías del comercio, de la industria y de la agricultura) son obra del pintor de Niterói, Antônio Parreiras (1860-1937), quien en 1929 recibió una medalla de oro en la Exposición Iberoamericana de Sevilla.

El edificio, diseñado en 1880 por la ingeniera Paula Freitas para acoger la Facultad de Medicina de la Universidad Pedro II, quedó inacabado. No fue hasta la celebración de la Exposición Nacional de 1908 cuando se reiniciaron y se terminaron las obras de construcción. El edificio neoclásico, que albergaba el Palácio dos Estados (Palacio de los Estados), era el pabellón principal de la Exposición con sus 7 600 m² y sus 91 salas. El edificio ha sido ocupado sucesivamente por el Ministerio de Agricultura, la Escuela de Veterinaria y Agronomía y el Departamento Nacional de Producción Mineral.

Además de la Exposición Nacional, las estatuas que están delante del hotel Glória son otro vestigio de la celebración de la apertura de los puertos en 1808.

LA EXPOSICIÓN NACIONAL DE 1908: DE CIUDAD PESTILENTE A CIUDAD MARAVILLOSA

A principios del siglo XX, bajo la administración del prefecto Pereira Passos (1836-1913), Río conoció, entre 1903 y 1906, importantes intervenciones urbanísticas destinadas a modernizar la ciudad, erradicar las epidemias y reducir el número de muertes causadas por la insalubridad. La situación era tal que Río se ganó el apodo de ciudad pestilente.

Gracias a las reformas urbanísticas, la capital federal cambió de aspecto y, en 1908, para presentar esta "nueva" ciudad y la mayor integración del país en un mundo cada vez un poco más urbano y cosmopolita (Brasil participó en seis exposiciones universales entre 1862 y 1904), se organizó la Exposición Nacional de 1908. Marcaba el centenario de la apertura de los puertos brasileños a países amigos.

Durante la inauguración del evento, el presidente Afonso Pena (1847-1909) afirmó que la exposición tenía como objetivo "hacer un inventario del país", presentando sus recursos naturales, su capacidad de producción y su desarrollo económico.

También se destacaron los progresos del servicio público, especialmente las estadísticas que mostraban que la fiebre amarilla había sido erradicada el año anterior y que moría menos gente de viruela y de peste bubónica en el distrito federal.

La exposición de 1908 tuvo lugar entre la playa de la Saudade (actual club náutico de Río de Janeiro) y la playa Vermelha, en Urca. Se celebró de agosto a noviembre de 1908 y cosechó un gran éxito: un millón de visitantes de pago la recorrieron, superó en tamaño las exposiciones internacionales de Londres, Sídney y Melbourne. El único pabellón que se ha conservado es el de los Estados, que estaba justo después del acceso de la Puerta Monumental. Hoy, es el museo de Ciencias de la Tierra (ver página 199), situado en lo que era la avenida principal de la Exposición.

Al final de esta avenida se encontraba el Pabellón de las Industrias, en el edificio de la antigua Escuela Militar. Esta había sido totalmente reformada para acoger el Pabellón de las Industrias, a cuya fachada central añadieron una imponente fuente luminosa dotada de varios caños y surtidores, formando un enorme conjunto al que llamaron "Château d'Eau". La escuela fue demolida en 1938 y cedió su espacio a la amplia Praça General Tibúrcio. Más allá de los nuevos materiales utilizados, las instalaciones de la Exposición sirvieron también de escaparate a las soluciones de infraestructura y de embellecimiento urbano: se construyó un muelle en la playa de Saudade para acoger las embarcaciones que venían del muelle Pharoux (en la actual Praça XV), se abrió una línea de tranvía en la playa de Botofago y un pequeño tren transportaba a los visitantes de pabellón a pabellón.

EL ORIGEN DE LA EXPRESIÓN 'CIUDAD MARAVILLOSA'

Fue el escritor y político Coelho Neto (1864-1934), quien, en 1908, entusiasmado con la nueva cara de la ciudad en aquella época, le dio el apodo que marcó a Río: la 'ciudad maravillosa'.

Para más información sobre la razón que impulsó la apertura de los puertos en 1908 y lo que esta significaba, ver p. 131.

URCA

MICROFONE DO CASSINO
DA URCA · 1935

INSTITUTO CULTURAL CRAVO ALBIN

Avenida São Sebastiao, 2, Urca
- Tel.: (21) 2295-2532
- http://institutocravoalbin.com.br
- Abierto de lunes a viernes de 11 a 18 h (visita solo previa reserva)
- Entrada gratuita
- Bus: 107, 511, 512 y 513 (conexión con el metro en la estación Botofago)

Un tesoro musical desconocido

Al llegar al modesto edificio situado al principio de la Avenida São Sebastião, es difícil imaginar que después de entrar en un ascensor estrecho que lleva a la cuarta planta, se descubrirá un espacio de unos 3 000 m² repartidos en tres niveles, con numerosas salas pequeñas, una terraza y un sorprendente jardín con unas vistas espectaculares sobre la bahía de Botofago, bajo el Pan de Azúcar.

Es ahí donde se ha instalado el desconocido instituto cultural Cravo Albin, una organización sin ánimo de lucro creada en 2001 para promover la cultura brasileña y sobre todo su música. El instituto posee una colección de 60 000 discos (vinilos, discos de 78 revoluciones, discos sencillos) y unos 5 000 CD, además de vídeos con testimonios y programas musicales, partituras y fotografías.

En un ambiente que recuerda al de una vivienda familiar, llena de recuerdos de sus antepasados, una especie de mini museo exhibe instrumentos y ropa de personalidades de la música brasileña, cuadros y objetos artesanales.

En las plantas 4 y 5, pasadas las salas reservadas a la colección musical, está el estudio de radio de los años 1930-1940 con el micrófono que usó Carmen Miranda en la radio Mayrink Veiga. También se puede admirar y tocar el acordeón de Luiz Gonzaga, la guitarra de Cartola y probarse los sombreros de Tom Jobim y de Pixinguinha. También hay una colección de radios de distintas épocas.

En la terraza de la quinta planta, se puede disfrutar de unas amplias vistas de la playa de Urca y del edificio que albergó el casino de Urca, antes de convertirse en el Instituto Europeo de Diseño. Al fondo, una especie de pasarela y una escalera conducen a un lugar sorprendente: un jardín, con un mirador y una piscina ovalada, incrustado en la piedra del Morro de Urca. Ahí, rodeado de plantas, el edificio en el que se organizan las veladas culturales y las exposiciones temporales del instituto se erigió en 1962 con materiales de demolición. La fachada es una réplica de la casa de la madre del obispo José Castelo Branco, Ana Teodoro, que vivió entre 1731 y 1805 en lo que hoy alberga la Biblioteca Nacional, en Cinelândia. El espacio situado enfrente de la casa era conocido como el Largo da Mãe do Bispo (plaza de la Madre del Obispo) y, en honor a esta influyente figura del Río colonial, una placa nombra al jardín 'Largo de Mãe do Bispo'.

VISITA GUIADA DEL FUERTE DE SÃO JOSÉ ⓲

Av. João Luiz Alves, s/n, Urca
- Tel.: (21) 2543-3323 o (21) 2586-2291
- Visitas: sábados y domingos de 10 a 13.30 h (duración: 2 horas)
- Reservas: sitiohistorico.fsj@gmail.com

> *El lugar donde se fundó la ciudad, unas vistas inéditas a la ciudad, un gimnasio art déco...*

Es posible visitar, previa reserva (por e-mail, ver arriba), el increíble fuerte militar de São José, al final del barrio de Urca, justo después del famoso bar Urca.

La visita guiada, de una duración de dos horas, empieza por el museo del Deporte (en el que se ven varios objetos deportivos, de un interés más bien limitado) antes de encaminarse al fuerte en sí, situado en el Morro Cara de Cão con motivo de un paseo muy agradable de unos 15 minutos que ofrece insólitas vistas panorámicas sobre la ciudad así como sobre las dos playas privadas que forman parte del fuerte.

Construido a partir de 1565 y reformado en 1872, el fuerte de São José, con la fortaleza de Santa Cruz enfrente, en Niterói, que se ve perfectamente durante la visita, formaba parte del sistema de defensa de la bahía de Guanabara. Un interesante museo histórico prolonga la visita del fuerte.

A la vuelta, la visita pasa delante del increíble gimnasio de estilo *art déco*, el primer gimnasio cubierto de Latinoamérica. Vale la pena fijarse, en el suelo, en los encantadores personajes de piedra portuguesa que conmemoran distintos deportes.

La visita termina en un lugar magnífico en todos los sentidos: la preciosa playa 'praia de fora', donde desembarcó Estácio de Sá el 1 de marzo de 1565 y donde fundó la ciudad. La piedra de fundación de la ciudad que figura en el fuerte, retirada de la playa, es una copia de la original que está en la iglesia de los Capuchinos, en Tijuca.

Algunos consideran, por esta razón, que la 'ladeira de São Sebastião', que empieza muy cerca del antiguo casino de Urca y llega al fuerte de São José, sería la calle más antigua de Río.

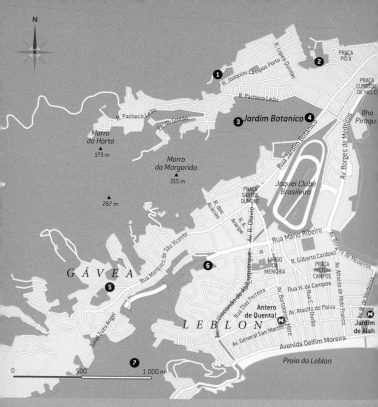

IPANEMA - LEBLON
LAGOA - GAVEA
JARDIM BOTANICO
HUMAITA

LA RUTA DEL CAFÉ ❶

Dirección (principio del sendero): al final de la calle Sarah Villela
• Tel.: (21) 2491-1700 (Parque Nacional da Floresta da Tijuca)
• Distancia: 6 km (sendero bien señalizado, pero difícil)
• Tiempo: 4 horas
• Entrada gratuita

El sendero histórico del Cristo Redentor

Distinta del sendero más conocido del Parque Lage, la ruta del café es la mejor opción para llegar al Cristo Redentor paseando en medio de la verde vegetación del bosque atlántico y pasando por dos cascadas, una ruta colonial y dos miradores que quitan el aliento. A modo de recompensa, hay muchas posibilidades de cruzarse con algún tití (*callithrix penicillata*) y otros monos. Pero cuidado, a pesar de su excelente mantenimiento y de su señalización garantizada por el Parque Nacional da Floresta da Tijuca gracias a la colaboración de los grupos de voluntarios TerraLimpia y Ecotribo, el sendero es largo y abrupto. Se recomienda empezar la marcha a primera hora de la mañana.

El sendero arranca al final de la calle Sarah Villela. Después de la última casa, hay que recorrer todavía unos 200 metros hasta una pequeña plaza adoquinada. Ahí empieza el camino. Aunque en la primera parte es escarpado y está señalizado con flechas amarillas, tras unos diez minutos, se desemboca en el sendero Transcarioca. A la altura de esta bifurcación, hay que girar a la derecha. A partir de ahí, basta con seguir las marcas amarillas pintadas en las piedras y en los árboles.

Tras quince minutos más de marcha, el sendero cruza el río de los Primates (Rio dos Primatas) frente a la primera cascada de los Primates (Cachoeira dos Primatas). Justo después, en la bifurcación, se aconseja subir por la izquierda para bañarse en la segunda cascada de los Primates, antes de volver sobre sus pasos para retomar el sendero Transcarioca. Se pasa entonces delante del precioso mirador de Lagoa, antes de llegar al Vale do Rio Cabeça. Este tramo suele estar a menudo frecuentado por grupos de monos que hacen muchísimo ruido mientras se balancean de rama en rama y saltan de un árbol a otro. Con un poco de suerte, es posible ver un tucán.

A partir del Vale do Rio Cabeça, la historia del sendero se enriquece. Totalmente adoquinado, continúa siguiendo las líneas de altitud. Poniendo atención, se observa la presencia de muros de contención, de vestigios de viejas casas y de puentes de piedra. Este camino se construyó para transportar el café y otros productos desde Paneiras hasta la Chácara do Rio Cabeça (que tomó este nombre porque se pensaba que sus aguas eran capaces de curar las migrañas, *cabeça* significa "cabeza").

Según lo que escribió Maria Graham a principios del siglo XIX, el Vale do Rio Cabeça albergaba "largas plantaciones de café, intercaladas con numerosos naranjos, limoneros y otros arbustos que parecen más una variedad del bosque que la unión entre el terreno cultivado y el terreno salvaje".

Gracias al cuidadoso trabajo de Thomás Nogueira da Gama, esta zona fue enteramente reforestada a partir de 1862. Una mirada más aguda también será capaz de identificar aquí y allá especies exóticas como el árbol de jaca y algunos arbustos de cafeto. Cerca de Paneiras, la ruta pasa al lado de una higuera milenaria, cuyo tronco se cree que es el más grueso de todo el sendero Transcarioca.

Casi al final del camino, se pasa por dos bifurcaciones, ambas bien señalizadas. En la primera, hay que seguir por la derecha, mientras que en la segunda, hay que dejar el eje principal del sendero Transcarioca para girar a la izquierda y seguir las flechas de madera que indican "Corcovado". Tras cruzar la vía férrea, es necesario caminar diez minutos más para llegar a la estatua del Cristo Redentor.

Para bajar, hay varias opciones: en tren, en bus, a pie por la carretera o por el sendero Transcarioca, hasta el Parque Lage –muy técnico y desaconsejado a los caminantes inexpertos–.

CAPILLA DE NOSSA SENHORA DA CABEÇA ❷

Rua Faro, 80
Jardim Botânico
• Abierto de lunes a viernes de 9 a 16 h
• Misa el 12 de agosto, día de Nossa Senhora da Cabeça. Celebración esporádica de otras misas

Uno de los preciosos secretos de Río

No muy lejos del jardín botánico, oculta al final de la Rua Faro, detrás de una gran puerta de metal, la Casa Maternal Mello Mattos alberga una escuela gestionada por hermanas carmelitas que también residen allí. En semana, entre las 9 y las 16 h, hay que llamar al timbre para entrar en uno de los preciosos secretos de Río: en lo alto de la colina se alza una encantadora capilla construida en 1603, una de las construcciones más antiguas de Río de Janeiro.

Previa petición, es posible acceder a la capilla, en la que reina una calma propicia a la oración. Se construyó dentro de la propiedad de la plantación de caña de azúcar del Engenho d'El Rey que, en la época, se extendía casi sobre la totalidad del actual barrio del Jardim Botânico. Servía de capilla privada al dueño de la plantación, el gobernador Martim Correia, a quien un familiar le trajo de Portugal una imagen de Nossa Senhora da Cabeça.

Según la leyenda, fue san Eufrasio (siglo I d. C.), primer obispo de la ciudad de Andújar en el sur de España, quien recibió de san Pedro una escultura de cedro de la Virgen, hecha por el propio san Lucas. Cuando volvió a su casa, el obispo mandó construir un santuario para albergar la estatua. Durante la conquista del sur de España por los musulmanes, los habitantes escondieron esta imagen en una cueva del 'monte cabeça'. No fue hasta el 12 de agosto de 1227 cuando un tal Juan Alonso de Rivas, que había perdido su brazo derecho en las batallas contra los musulmanes, descubrió la escultura escondida. La Virgen le devolvió entonces su brazo derecho, milagro que provocó el rápido desarrollo de una devoción hacia Nossa Senhora da Cabeça (Nuestra Señora de la Cabeza), del nombre de la colina donde se encontró la escultura.

Esculpida según la leyenda por san Lucas, que vivió en la época de la Virgen y que aparentemente la conoció en persona, la escultura de Nossa Senhora da Cabeça poseía pues la inmensa particularidad (como el crucifijo de Lucca, en Toscana, o el santo Sudario de Turín, para Jesús) de representar el *verdadero* rostro de la Virgen. La escultura original desapareció durante la Guerra Civil Española en 1937.

EN LOS ALREDEDORES:

LA HIGUERA DE LA RUA FARO

En el n°51 de la Rua Faro, una imponente higuera tricentenaria corría el riesgo de ser talada para construir un nuevo edificio. Defendida por la asociación de los habitantes del barrio (y su presidente de la época, Leonel Kaz), la higuera no solo ha sido salvada sino también catalogada, convirtiéndose así en el primer árbol protegido de la historia de Brasil.

ESTATUA DEL *ORISHA* OSSANHA

Jardín botánico
Rua Jardim Botânico, 1008
• www.jbrj.gov.br
• Tel.: (21) 3874-1808
• Visitas: los lunes de 12 a 17 h y de martes a domingo de 8 a 17 h (cierra una hora más tarde en verano)
• Entrada: 7 R$ (gratis para los menores de 7 años y los mayores de 60)

Una curiosa representación de una divinidad afrobrasileña en Río

Al fondo del jardín botánico, del lado de la salida de la Rua Pacheco Leão, en un lugar poco visitado, se alza una de las estatuas más intrigantes de Río de Janeiro. No es raro ver allí adeptos de las tradiciones afrobrasileñas orando.

Con una altura de cinco metros, la escultura de resina del *orisha* (divinidad de las religiones afrobrasileñas) Ossanha fue creada en 2004 por la artista Tatti Moreno, nacida el 18 de diciembre de 1944 en Salvador de Bahía. A los pies de la estatua, un pequeño cartel indica: "Guarda los secretos místicos y curativos de las hojas y de las plantas".

El *orisha* Ossanha (también llamado, según las tradiciones, Ossanyin, Ossaim, Ossãe u Ossain) es en efecto la divinidad de las hojas y de las hierbas. En este sentido, no se le podía encontrar mejor lugar en Río que aquí, dentro del jardín botánico. Su símbolo es un tallo metálico cuya extremidad superior termina en siete puntas orientadas hacia el cielo, con un pájaro en lo alto de la punta del centro.

Según la leyenda, Ossanyin recibió el secreto de las hojas de Olodumare. Ossanyin sabía que algunas de ellas proporcionan calma o vigor; otras, suerte, gloria, honores, o incluso miseria, enfermedades y accidentes. Los otros *orishas* no poseían ningún poder sobre las plantas y dependían de Ossanyin para mantenerse sanos y para que sus iniciativas fuesen exitosas.

Xangô, de carácter impaciente, guerrero e impetuoso, enfadado por esta desigualdad, usó una estrategia para intentar robar a Ossanyin el secreto de las plantas. Se lo contó a su esposa Lansã y le explicó que, a veces, Ossanyin colgaba de una rama de *iroko* una calabaza que contenía sus hojas más poderosas. "Provoca una poderosa tormenta uno de estos días", le dijo Xangô. Lansã aceptó la misión con mucho gusto.

El viento soplaba a grandes ráfagas, arrancando los tejados de las casas y algunos árboles, destrozando todo a su paso, hasta lograr su cometido al soltar la calabaza de la rama de la que colgaba. La calabaza rodó lejos y todas las hojas volaron. Los *orishas* las recuperaron todas. Cada uno se convirtió en el dueño de algunas hojas, pero Ossanyin siguió siendo el "maestro del secreto" de sus virtudes y de las palabras que debían ser pronunciadas para activar sus efectos.

LA PUERTA DE LA ACADEMIA IMPERIAL DE BELLAS ARTES

4

Jardín botánico
Rua Jardim Botânico, 1008
• www.jbrj.gov.br
• Tel.: (21) 3874-1808
• Abierto los lunes de 12 a 17 h y de martes a domingo de 8 a 17 h (cierra una hora más tarde en verano)
• Entrada: 7 R$ (gratis para menores de 7 años y mayores de 60)
• Los mayores de 60 (más un acompañante) pueden pasear sin coste alguno por el parque en cochecito de golf. El paseo dura unos 40 minutos
• Bus: todas las líneas que pasan por la Rua Jardim Botânico

Una puerta que se muda

En el jardín botánico, al final del paseo Barbosa Rodrigues bordeado de palmeras imperiales, cerca de unos grandes bambúes, destaca la imponente puerta neoclásica de la Academia Imperial de Bellas Artes, diseñada en la segunda mitad de los años 1810 por el arquitecto francés Grandjean de Montigny. Esta puerta no ha estado aquí siempre: llegó al jardín con motivo de la demolición, en 1938, del edificio de la Academia en el centro de la ciudad. La Academia debía ceder su lugar al Ministerio de Economía, pero este al final se construyó en otro sitio.

Hoy, un aparcamiento ocupa el antiguo lugar de la Academia.

Tras el traslado de la corte portuguesa a Río, en 1808, importantes expediciones científicas visitaron el país. En marzo de 1816, la Misión Francesa desembarcó en la ciudad con cuarenta personas dotadas de una sólida formación académica, como Jean-Baptiste Debret y Grandjean de Montigny, con el fin de enseñar artes y arquitectura. La Academia fue creada el mismo año, pero no se inauguró hasta 1826, con el nombre de Academia Nacional de Bellas Artes. En 1971, se convirtió en la Escuela de Bellas Artes de la Universidad Federal de Río de Janeiro.

EL MAESTRO VALENTIM EN EL JARDÍN BOTÁNICO

En la parte más central del parque, en el invernadero de las violetas, está el monumento al Maestro Valentín, que conserva vestigios de dos de sus geniales fuentes. Son las estatuas *Eco* y *Narciso* (de estaño y plomo), las primeras obras fundidas en Brasil. Pertenecían a la Fuente das Marrecas, de 1785, que estaba situada en la esquina de la Rua das Belas Noites (que se convertiría en Rua das Marrecas por la fuente) y de la actual Rua Evaristo da Veigam en dirección a la entrada principal del Passeio Publico (Paseo Público, ver p. 120). Las zancudas son las otras dos obras expuestas, también llamadas aramides o garzas. Decoraban la fuente de los Caimanes, en el Passeio Publico, inaugurada en 1783.

Cerca de la puerta de la Academia, no muy lejos del bosquecillo de pernambuco (o palo de Brasil), se encuentra la puerta de la Real Fábrica de Pólvora y el taller del Molino de los Pilones (Oficina do Moinho dos Pilões). La fábrica fue creada en 1808 por D. João y ocupaba la antigua sede de la Prensa Rodrigo de Freitas (Engenho Rodrigo de Freitas, prensas de caña de azúcar). Hoy solo queda la puerta y algunas partes del muro. En la entrada del taller, conocido como la Casa de los Pilones (Casa dos Pilões), donde se compactaba la pólvora, se pueden seguir admirando las grandes muelas (ruedas de piedra) que se utilizaban para triturar el carbón y el azufre. Hoy es un pequeño museo y un yacimiento arqueológico.

MOJÓN KILOMÉTRICO DE GÁVEA

Frente al número 10 de la Estrada da Gávea
• Bus: 170, 537, 538, 539

Los mojones de carretera olvidados

Enfrente del número 10 de la Estrada de Gávea se encuentra uno de los mojones de carretera que se instalaron en la ciudad en los años 30. Aún se ven las inscripciones viales en ambas caras: "R. M. S. Vicente 01" (Rua Marques de São Vicente) y "Av. Niemeyer" (es difícil leer esta última debido a los grafitis). Las iniciales PDF (Prefectura del Distrito Federal), de la época de cuando Río era la capital de la República, están inscritas en la otra cara.

Estos mojones servían para medir las distancias entre localidades, "de 1000 en 1000 metros" como lo determinaban las normas de señalización vial de 1928. Con el tiempo, han perdido un poco su finalidad y muchos han sido retirados. Hoy, unas investigaciones muestran que treinta y cuatro de estos mojones "olvidados" siguen en su sitio. La mayoría se encuentra en la región oeste de Río (principalmente en Campo Grande, Guaratiba y Sepetiba), pero hay otros en la zona norte y en las carreteras de la Vista Chinesa, Joá y Paineiras, en pleno bosque de Tijuca. El de la Estrada de Gávea parece ser el único de la zona sur de la ciudad.

Entre 1933 y 1954 (con una interrupción durante la Segunda Guerra Mundial), el "Circuito de Gávea" fue el escenario de una carrera automovilística conocida en el mundo entero, que rodeaba el Morro Dois Irmãos. Sus casi once kilómetros empezaban en la calle Marquês de São Vicente (la salida se daba cerca del actual centro comercial de Gávea), continuaban en las avenidas Bartolomeu Mitre, Visconde de Albuquerque y Niemeyer, hasta la Estrada da Gávea, pasando por lo que hoy es la Rocinha y, en la bajada, delante del mojón. Con más de cien curvas y distintos tipos de firmes (asfalto, cemento, empedrado, arena), el circuito ha sido testigo de muchos accidentes graves.

UNA CARRERA DE COCHES QUE INSPIRÓ EL CARNAVAL DE RÍO

En 1937, la bandera nazi sustituía la de Alemania, representada por el legendario piloto Hans Stuck. El italiano Carlo Pintacuda acabo ganando la carrera y se convirtió en aquel momento en el "Héroe de Gávea". El nombre de Pintacuda se ha integrado incluso en la jerga carioca para indicar "audacia", "audaz". Años más tarde, durante el carnaval de 1950, inspiró la Marcha del Tartamudo ("soy un bl-blando cuando ha-hablo/Pero soy un 'Pintacuda' cuando beso".)

EL ESOTERISMO DE LA BANDERA DE BRASIL

Desde que Brasil es un país independiente, ha sido representado principalmente por dos banderas: la antigua bandera del Imperio y la actual, de la República.

En 1822, con la Independencia, se creó una bandera imperial brasileña que consistía en un campo verde oscuro con un rombo amarillo en el centro y, dentro de este, un escudo verde con un círculo rodeado de 19 estrellas (representando a los estados). En el centro del círculo, una esfera armilar sobre la Cruz de la Orden de Cristo. Sobre el escudo, figuraba la corona del Imperio de Brasil. Abajo, dos ramas (café y tabaco) entrelazadas, que subían por los lados.

El propio emperador Pedro I eligió los colores verde y amarillo: el verde corresponde a su familia, la segunda casa de Braganza, y el amarillo, el color de los Habsburgo, a la familia de su primera esposa María Leopoldina de Austria. Pedro I encargó el proyecto al célebre artista francés Jean-Baptiste Debret (1768-1848), miembro de la masonería, que, entretanto, se había unido a la masonería brasileña a través del ministro José Bonifácio de Andrada e Silva. Este habría influenciado al emperador en la selección de estos colores que eran, de hecho, los de la Sociedad Secreta que él había fundado, Nobre Ordem dos Cavaleiros da Santa Cruz (Noble Orden de los Caballeros de la Santa Cruz), denominada Apostolado, a quien también pertenecía el soberano con el título de arconte rey, jefe del Apostolado. Este se oponía tanto a la monarquía absolutista como a la república laica y quería un estado ideal donde el emperador fuese también un sabio (simbolizado por el color amarillo) en un reino de paz y de creatividad (simbolizado por el color verde). El Apostolado desapareció el 23 de junio de 1823.

Más tarde, el 19 de noviembre de 1889, a propuesta de Benjamin Constant, el Gobierno Provisional de la República aprobó por decreto la actual bandera nacional de Brasil, manteniendo la estructura de la bandera imperial, con la inscripción "Orden y Progreso" sacada de la máxima de Augusto Comte (filósofo positivista): "El amor como principio, el orden como base y el progreso como fin". El pintor Décio Vilares diseñó el pabellón dorado y verde. Está formado por un rectángulo verde que representa los bosques brasileños y en su centro un rombo amarillo que recuerda las riquezas minerales.

En el centro, la esfera azul representa la disposición de los astros en el cielo de Río de Janeiro, a las 8.30 h, el día de la Proclamación de la República. Esta esfera contenía originalmente 21 estrellas (hoy son 27) y simbolizan los estados nacionales y el Distrito Federal. Se los identifica como sigue:

1. Pará – Spica; 2. Amazonas – Procyon; 3. Mato Grosso do Sul – Alphard; 4. Rondônia – Wezen; 5. Mato Grosso – Sirius; 6. Roraima – Muliphein; 7. Amapá – Mirzam; 8. Tocantins – Adhara; 9. Goiás – Canopus;

10. Bahia – Gacrux; 11. Minas Gerais – Delta Crucis; 12. Espírito Santo – Epsilon Crucis; 13. São Paulo – Acrux; 14. Acre – Dhanab al Shuja; 15. Piauí – Antares; 16. Maranhão – Graffias; 17. Ceará – Wei; 18. Rio Grande do Norte – Shaula; 19. Paraíba – Girtab; 20. Pernambuco – Denebokab; 21. Alagoas – Sargas; 22. Sergipe – Apollo; 23. Santa Catarina – O Trianguli Australis; 24. Rio Grande do Sul – Atria; 25. Paraná – Y Trianguli Australis; 26. Rio de Janeiro – Mimosa; 27. Brasília – Polaris Australis.

Más que un simple efecto decorativo, la presencia de estas estrellas en la bandera posee un significado verdaderamente esotérico: según la tradición hermética egipcia, redescubierta en Europa en el Renacimiento (ver la guía *Florencia insólita y secreta* del mismo editor) y que los masones y positivistas brasileños conocían muy bien: "como es arriba es abajo, como es abajo es arriba". Esta correspondencia entre el macrocosmos y el microcosmos significa que la representación de la bóveda celeste en una fecha determinada en el techo de una sala (como en algunos palacios o iglesias de Roma o de Florencia, en particular) o en una bandera, como aquí, debería atraer las energías celestes justo donde está la representación de la bóveda celeste. Se supone que el hecho de representarla en una bandera, izada en todo el país, debería, para sus creadores, atraer las energías celestes en todo el territorio brasileño.

No hay que olvidar que el emperador Pedro II, así como Luís Cruls, Manuel Pereira Reis y el propio Décio Vilares, eran adeptos de la astrología y que dispusieron las estrellas en la bandera con el apoyo constitucional de la Orden Masónica Brasileña, en la que el Club Republicano del Maestro Masón Lopes Trovão desempeñó un papel destacado.

1. **PARÁ**
   Spica (α Virginis)
2. **AMAZONAS**
   Prócion (α Canis Minoris)
3. **MATO GROSSO DO SUL**
   Alphard (α Hydrae)
4. **RONDÔNIA**
   Wezen (δ Canis Majoris)
5. **MATO GROSSO**
   Sírio (α Canis Majoris)
6. **RORAIMA**
   Muliphem (γ Canis Majoris)
7. **AMAPÁ**
   Mirzam (β Canis Majoris)
8. **TOCANTIS**
   Adhara (ε Canis Majoris)
9. **GOIÁS**
   Canopus (α Carinae)
10. **BAHIA**
    Gacrux (γ Crucis)
11. **MINAS GERAIS**
    Pálida (δ Crucis)
12. **ESPÍRITO SANTO**
    Intrometida (ε Crucis)
13. **SÃO PAULO**
    Acrux (α Crucis)

14. **ACRE**
    Dhanab al Shuja (γ Hydrae)
15. **PIAUÍ**
    Antares (α Scorpii)
16. **MARANHÃO**
    Graffias (β Scorpii)
17. **CEARÁ**
    Wei (ε Scorpii)
18. **RIO GRANDE DO NORTE**
    Shaula (λ Scorpii)
19. **PARAÍBA**
    Girtab (κ Scorpii)
20. **PERNAMBUCO**
    Denebakrab (ν Scorpii)
21. **ALAGOAS**
    Sargas (θ Scorpii)
22. **SERGIPE**
    Apollyon (ι Scorpii)
23. **SANTA CATARINA**
    δ Trianguli Australis
24. **RIO GRANDE DO SUL**
    Atria (α Trianguli Australis)
25. **PARANÁ**
    γ Trianguli Australis
26. **RIO DE JANEIRO**
    Mimosa (β Crucis)
27. **BRASÍLIA**
    Polaris Australis (σ Octantis)

SIGNIFICADO OCULTO DEL MORRO DOIS IRMÃOS

Mucho antes de que Ipanema se convirtiese en lo que es, el Morro Dois Irmãos (cerro dos hermanos) ya era el foco de atención de los tupinambás, los indígenas de la etnia tupí que vivían en la costa. Le rendían un culto especial, narrado en las crónicas de los capuchinos junto con las leyendas indias vinculadas. El propio nombre de Ipanema, 'agua inservible' (para beber, alusión al agua salada del océano que está justo enfrente), es de origen tupí.

La cultura religiosa tupí se basaba en el culto a la naturaleza en el que las formas de las piedras eran muy importantes. Fue el caso de este cerro rocoso cuya forma cónica, asociada a Tupan (el sol, el hombre), se superpone a otra, triangular, asociada desde temprano a Jacy (la luna, la mujer). Tratándose de los dos principales astros de la tierra que marcan el día y la noche, la actividad de los cuerpos y el descanso de las almas, se los denominó *Dois Irmãos* (hermano y hermana).

Los indios celebraban este culto de las piedras de la siguiente manera: rendían culto al sol (Tupan) en las tierras altas, con danzas y cantos guerreros que invocaban la fuerza solar y en los que mandaban los hombres; y adoraban a la luna (Jacy) en las tierras bajas con danzas y cantos que invocaban la energía materna, representada por las aguas del océano, y donde lideraban las mujeres. Como era necesaria una representación totémica de ambos cuerpos celestes, se eligió como símbolo el cerro rocoso de Upabanem (Ipanema) por sus formas sugestivas.

Pero la historia no acaba aquí: en el siglo XVI, la actual región de Río de Janeiro y Niterói estaba habitada por la tribu tupinambá de los indios temiminós que tenía como jefe al célebre Arariboia. Nacido hacia 1523, ayudó a los portugueses a expulsar de la región de Río a los franceses y a sus aliados, los indios tamoios, participando de manera decisiva en la victoria de la batalla de Uruçumirim (actual playa de Flamengo), el 20 de enero de 1567. Como recompensa de su ayuda, Arariboia recibió del rey de Portugal, don Sebastián, la cruz y el manto de caballero de la Orden de Cristo, así como una mestiza (de sangre portuguesa e india) con la que tuvo una vasta descendencia que se emparentaría más tarde con la familia de Antonio de Mariz Coutinho (Barcelos, 1537 – Brasil, 1584). Convertido al cristianismo, Arariboia adoptó el nombre de Martim Afonso de Souza, en honor al navegante portugués homónimo. Murió en 1574. Con el fin de perpetuar la memoria heroica de Arariboia y de su esposa, que aportaron su amplia descendencia a la raza brasileña, poco después de su muerte, los temiminós determinaron que el Morro Dois Irmãos era la petrificación de su gran jefe y de su esposa, encarnaciones de Tupan y de Jacy, dioses supremos del panteón tupí.

Algunos se remontan todavía más en el tiempo para afirmar que el Morro Dois Irmãos, que domina la Pedra da Gávea, sería un topónimo que evoca la memoria del "Brasil fenicio". En el año 1000 antes de Baal-Zir, el rey desterrado de Tiro, capital de Fenicia, habría llegado aquí con su corte y con su familia, entre ellos sus dos hijos gemelos, el chico Yet-Baal-Bey y la chica Yet-Baal-Bel. El recuerdo de estos estaría perpetuado en el nombre de Morro Dois Irmãos que, con la Pedra da Gávea, componen una triada de piedras que simbolizan el sol, la luna y por último la tierra. Leyenda o no, el hecho es que los fenicios fueron los mayores navegantes de la protohistoria y "llegaron a las tierras más lejanas del mar occidental" (el Atlántico) según varios historiadores. Y en su religión, estos tres astros tenían un papel determinante, sobre todo el sol al que llamaban Baal, "Señor", con el mismo sentido que los tupís daban a Tupan.

Recuerdo *mágico* del pasado olvidado de Río de Janeiro, el Morro Dois Irmãos está ahí, envuelto en las brumas del misterio, rozando el tiempo. Incluso el cantante Chico Buarque confiesa: "Dois Irmãos, cuando en plena noche / A tus pies se colocan los instrumentos / He aprendido a respetar tu verticalidad / Y a desconfiar de tu silencio".

LA ESTATUA DEL CORNETA   ⑧

Esquina de Visconde de Pirajá y de Garcia d' Ávila
Ipanema
• Metro: Nossa Senhora da Paz

Bahía de Ipanema

En la esquina de Visconde de Pirajá y de Garcia d' Ávila, cerca de un poste eléctrico de la calle, hay una curiosa estatua de bronce que representa a un hombre, con una corneta en la boca y el pie apoyado sobre un cañón medio enterrado en la acera. La obra es del dibujante humorístico y escultor Ique, en honor al cabo Luís Lopes, corneta de las tropas brasileñas que lucharon por la independencia del país, en Bahía, en 1822-1823. Inaugurada en 2004, la estatua no ha estado exenta de polémica debido a su insólita estética.

La historia del cabo Luís y su papel en la batalla de Pirajá del 8 de noviembre de 1822 también es fuente de controversias. La situación era complicada para los brasileños, inferiores en número a los portugueses, y el mayor José de Barros Falcão, temiéndose la inminente derrota, ordenó al corneta que tocara retirada a las tropas. El cabo desoyó la orden y entonó, por el contrario, el toque de carga

de la caballería, conocido como "Toque a degüello". Luís Lopes sorprendió y asustó a los portugueses, que se dispersaron ofreciendo la victoria a los brasileños.

A falta de documentos oficiales, algunos afirman que ese episodio nunca existió. Pero en el poema *Paraguaçu*, obra de un testigo ocular de la batalla de Pirajá, Ladislau Titaro, se relata el hecho de armas de Luís Lopes. Lo que es un hecho es que, en esa batalla, los brasileños vencieron a los portugueses, quienes fueron definitivamente derrotados el 2 de julio de 1823, diez meses después de que D. Pedro I hubiese declarado la independencia de Brasil, en la ribera del río Ipiranga en São Paulo, el 7 de septiembre de 1822.

EL OTRO HOMENAJE DE IPANEMA A LOS HÉROES DE LA INDEPENDENCIA DE BAHÍA

Cuando se urbanizó el barrio, después de fundar Vila d'Ipanema, en 1884, muchas calles rindieron homenaje a los miembros de la familia y a los amigos de los empresarios José Antonio Moreira Filho, barón de Ipanema, y Antonio José da Silva. En 1992, con motivo de la celebración del Centenario de la Independencia, se modificaron los nombres de algunas calles para rendir homenaje a los héroes de la independencia. Fue así como, por ejemplo, la Rua Otávio Silva pasó a llamarse Rua Maria Quitéria y la del 20 de noviembre, que marcaba el día del aniversario de la esposa del barón de Ipanema, cambió su nombre por el de Visconde de Pirajá.

Maria Quitéria (1792-1853) es la "mujer soldado de Brasil". Cuando se supo de la lucha por la independencia, huyó de su casa, se cortó su larga melena y, disfrazada de hombre, se alistó como voluntaria en las fuerzas armadas de Bahía.

Joana Angélica (1761-1822), mártir, sucumbió a los golpes de bayoneta de unos soldados portugueses cuando intentaba defender el convento de Lapa, en Salvador, del que era la madre superiora.

Visconde de Pirajá: tal vez el líder más importante del movimiento fue Joaquim Pires de Carvalho e Albuquerque (1788-1848), gran terrateniente conocido como el "Coronel Santinho". Recibió el título de vizconde (visconde) de Pirajá gracias a su victoria en sus tierras.

Barão de Jaguaripe: Francisco Elesbão Pires de Carvalho e Albuquerque (1787-1856) consolidó la independencia de Bahía y fue proclamado presidente de la junta revolucionaria que gobernaba la provincia. Era el hermano del vizconde de Pirajá.

Barão da Torre: Antonio Joaquim Pires de Carvalho e Albuquerque (1774-1852), cuyo título completo era barón de la Torre (Barão da Torre) de Garcia d'Ávila, transformó su castillo en una base de operaciones de las fuerzas independentistas. Era hermano del vizconde de Pirajá y también su yerno, ya que se casó con una hija del vizconde.

Pirajá, barrio del municipio de Salvador donde tuvo lugar la batalla con el mismo nombre el 8 de noviembre de 1822 (ver pág. anexa), es un palabra de origen tupí. Significa 'lo que está lleno de peces', por la unión de *pirá* (pez) y de *iá* (lleno de).

LA COLECCIÓN DE TURMALINAS DEL MUSEO H. STERN ⑨

Rua Garcia d'Ávila, 113 – Ipanema
• Abierto de lunes a viernes de 9 a 18 h. Sábados de 9 a 12 h
• www.hstern.net

La mayor colección de turmalinas del mundo

Aunque la visita de los talleres del joyero Stern es relativamente conocida (visita imprescindible para quienes no la han hecho aún), la del museo privado, con su extraordinaria colección de turmalinas, lo es mucho menos: muchos de los que visitan los talleres ni siquiera saben que existe.

Y con razón: está oculto tras una gruesa puerta, siempre cerrada y, para poder entrar, hay que pedirlo expresamente.

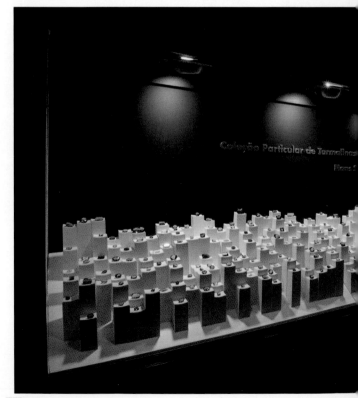

El museo propiamente dicho es una verdadera sala de los tesoros cuyo punto álgido es la colección privada de turmalinas de Hans Stern: 1007 turmalinas de todos los colores, formas y tamaños imaginables, que representan la mayor colección de turmalinas del mundo.

Hans Stern (1922-2007) llegó a Brasil en 1939 y empezó trabajando como mecanógrafo en una empresa comercial. Seis años más tarde, en 1945, ya fundaba la empresa H. Stern Jewelers que hoy emplea a unas 3000 personas.

A lo largo de su carrera, Hans Stern se esforzó en despertar y alimentar el gusto del público por las piedras de colores (aguamarinas, turmalinas, amatistas y topacios, entre otras), en un mercado que hasta el momento solo tenía ojos para los diamantes, los rubís, los zafiros y las esmeraldas.

Ironía de la historia, Hans Stern nació casi ciego y solo empezó a ver con el ojo derecho con 2 años de edad.

JARRÓN *EL TRIUNFO DE GALATEA* DE FRANÇOIS GIRARDON ⑩

Praça José de Acioli
Ipanema

> *Una copia excepcional de un jarrón del museo del Louvre*

Contrariamente a lo que se suele imaginar, Río de Janeiro encierra, más allá de sus paisajes que cortan la respiración, algunos tesoros artísticos que casi desaparecen, engullidos por la belleza de la naturaleza que los rodea. Como buena prueba de ello, al borde de la Lagoa Rodrigo de Freitas, en pleno Ipanema, una pequeña plaza redonda ofrece una vista excepcional sobre la Lagoa, con el Corcovado como tela de fondo y el Cristo Redentor en las alturas. En su centro hay un jarrón de mármol fuera de lo común y con una insólita historia: durante más de sesenta años, este jarrón estuvo en esta placita sin encanto particular, cubierto por una espesa çapa de yeso.

Recientemente, el Ayuntamiento decidió limpiar el jarrón y descubrió que el yeso escondía una bellísima pieza de mármol de Carrara, artísticamente esculpida, pero sobre la que se carecía de información. ¿Quién fue su autor? ¿De qué época es? ¿Cuándo fue colocada ahí? ¿Por qué estaba cubierta de yeso?

Un vecino de Ipanema descubrió al azar el jarrón original en el museo del Louvre, en París. Esta obra, llamada *El triunfo de Galatea*, fue encargada por Luis XIV, en 1683, para decorar los jardines de Versalles. Forma parte de una pareja de jarrones. Tras doscientos años en los jardines reales, fue trasladada al jardín de Saint Cloud donde permaneció unos años antes de llegar en 1872 al museo del Louvre. Sigue estando allí.

Existen algunas réplicas de esta pieza en importantes colecciones del mundo entero, como la Wallace Collection de Londres, o vendidas en subastas internacionales. Todas ellas han sido fabricadas en materiales menos nobles, como la terracota o el bronce. La única réplica de mármol conocida es esta copia de Ipanema, de una calidad excepcional y probablemente del siglo XIX.

MUSEO DE LA FAVELA

Rua Nossa Senhora de Fátima, 7
Morro do Cantagalo
Ipanema
• www.museudefavela.org
• Visitas todos los días (reserva por teléfono al (21) 2267-6374), de
lunes a viernes de 9 a 17 h, con guías de la comunidad (en portugués, con
posibilidad de traducción al inglés, francés, español y alemán)
Entrada: 60 R$ (para los brasileños) – 100 R$ (resto de nacionalidades)
• También se puede visitar a solas
• Metro: General Osório/Ipanema

> **2050 pasos**
> **para conocer**
> **la historia**
> **de una favela**

Creado en 2008, el Museo de la Favela (MUF) cuenta la historia de la favela de Pavão, Pavãozinho y Cantagalo a través de grafitis en tres portales y en las fachadas de unas veinte viviendas de la favela.

Los responsables del museo –todos residentes de la favela– explican que hacer el recorrido equivale a caminar 2050 pasos por las sinuosas callejuelas y las estrechas escaleras del barrio. Se trata de un paseo de tres horas en el corazón de una favela. Además de este recorrido, el museo propone también un conjunto de actividades que abarcan desde la gastronomía, cursos de baile, de capoeira o de grafitis, hasta talleres donde se enseña a construir y hacer volar una cometa. Según los conceptos de museología social, el MUF es el primer museo territorial del país: todo el barrio y sus bienes materiales e inmateriales forman parte de la "colección". Es un museo vivo, que se transforma cada día. Su sede está en un edificio histórico: la primera edificación de ladrillo de la favela que no ha sido destruida. Desde los años 1950, los edificios de ladrillo no estaban permitidos en Río pero, en 1978, la pequeña capilla de Nuestra Señora de Fátima (Nossa Senhora de Fátima) de Cantagalo sobrevivió. Desde entonces, se han construido, poco a poco, otros edificios de ladrillo. Este tipo de viviendas no estuvo autorizado en las colinas de la ciudad más que a principios de los años 1980. El MUF promueve otras actividades desde su sede, como exposiciones itinerantes que buscan preservar la memoria de la favela y reforzar la autoestima y la identidad de sus residentes, así como la venta de artesanía local. La terraza del edificio ofrece también una preciosa vista de la arquitectura de esta favela en la que viven unas 20 000 personas, con un telón de fondo muy especial: el mar de Ipanema, la laguna de Rodrigo Freitas, el Corcovado y el Morro Dos Irmãos. Los grafitis, firmados por 25 artistas y coordinados por uno de ellos, que nació y se crio en Cantagalo, describen situaciones y momentos que marcaron la historia y la vida de la favela: el primer sistema de abastecimiento de agua, los inmigrantes del nordeste, la vida en la época en que no había luz ni agua corriente ni saneamiento, la religión, los pasatiempos y la cultura de la comunidad, etc. Como los grafitis no tienen la misma fecha de creación o de restauración, su estado de conservación varía. Los recursos, que provienen del dinero que se paga por las entradas, se usan para mantener los grafitis en buen estado así como para ayudar a los residentes y a los guías, todos formados en colaboración con universidades de la ciudad.

La favela cuenta con una Unidad de Policía Pacificadora desde diciembre de 2009.

SENDERO DESDE EL PARQUE DE CATACUMBA ⓬ HASTA HUMAITÁ

Lagoa
- Tel.: (21) 2247-9949
- Entrada gratuita

La mejor relación "esfuerzo/belleza del paisaje" de todo Río de Janeiro

El tramo de sendero Transcarioca que va del parque de Catacumba a Humaitá representa la mejor relación "esfuerzo/belleza del paisaje" de todo Río de Janeiro. Aprovechando las escaleras y las ruinas de la favela de Catacumba, desmantelada en 1970 para ceder su lugar a un parque de esculturas (decorado con preciosas obras, entre otras, de Caribé, Frans Krajberg, Bruno Giorgi), el sendero nació en 1997.

Su trazado, bien señalizado y conservado, permite pasar por delante de las esculturas antes de entrar en el bosque, fruto de un buen trabajo de desforestación, demostrando que es posible recuperar zonas degradadas. La

subida se hace por los empinados caminos de piedra de la antigua favela, con algunos puntos de parada donde unos carteles explicativos cuentan la historia de la favela, la reforestación y la fauna, que comprende titíes plateados y tucanes.

Tras 25 minutos andando, se llega al mirador de Sacopã, que culmina a 124 metros de altura y desde donde se disfruta de una de las vistas más bonitas de Río de Janeiro que engloba la Pedra da Gávea, el Morro Dois Irmãos, la playa de Ipanema, el Cristo Redentor, el Jardín Botánico y la laguna Rodrigo de Freitas. Desde ahí, el sendero prosigue hasta el mirador de Uruburu, donde, además de las preciosas vistas, se puede practicar rapel (Lagoa Aventuras (21) 4105-0079 / (21) 7870-9162).

A partir de ese punto, el camino vuelve a bajar por unas escaleras de la antigua favela, antes de dividirse. A la derecha, se llega al parque de Catacumba por el mismo camino; a la izquierda, el paseo (mucho menos conocido) continúa una hora más por el sendero Transcarioca, en dirección a la favela de los Cabritos, en el punto más alto de la Rua Vitória Regia, en Humaitá. El equipo del parque municipal de Catacumba se ha ocupado recientemente de este segundo tramo del sendero. El camino sigue a lo largo de la roca gracias a unas escaleras de madera y a unas vías ferratas que exigen experiencia y una buena preparación física (posible sin guía). Este trazado ofrece otras vistas de la laguna Rodrigo de Freitas y una preciosa vegetación compuesta de bromelias y cactus que cuelgan de la roca desnuda.

CENTRO NYINGMA DE BUDISMO TIBETANO

Rua Casuarina, 297
• Abierto al público para meditaciones: domingo de 9 a 10 h, lunes a las 20 h, martes a las 19 h, jueves a las 8.45 h. Recitación de mantras: domingo de 10 a 11 h. El centro abre en otros horarios de manera esporádica. Consultar el horario en la web del centro
• Tel.: (21) 2527-9388
• instituto@nyingmario.org.br
• www.nyingmario.org.br

Un verdadero viaje

Oculto sobre la falda del Morro da Saudade, el Centro Nyingma de budismo tibetano es uno de los secretos mejor guardados de la Lagoa. Desde la Rua Fonte da Saudade, hay que tomar la Rua Bogari que desemboca en la Rua Casuarina. Justo detrás de la barrera, una puerta de madera guarda la entrada del templo situado a la derecha.

La entrada es el lugar más espectacular del templo: al fondo del pequeño patio interior, una *estupa* (construcción budista tradicional que originalmente acogía las reliquias de Buda) recibe a los visitantes con el Corcovado y el Cristo como tela de fondo. Un bello símbolo de comunión entre religiones…

Debido a la disposición del sitio, aparte de los tejados de dos edificios que se perciben más abajo, la sensación de estar inmerso en una naturaleza casi virgen es real: rodeada por los edificios del centro y por las banderas de oración, la perspectiva que forman la *estupa*, el bosque, la roca y el Cristo es una verdadera invitación a recogerse en uno mismo un momento.

Varias veces a la semana, el centro acoge a visitantes para sesiones de meditación o de recitación de mantras. Durante nuestra visita, la recitación de mantras nos dejó una profunda sensación de bienestar.

¿DE DÓNDE VIENE EL NOMBRE DE 'FONTE DA SAUDADE'?

El barrio de 'fonte da saudade' (fuente de la nostalgia) debe su nombre a una fuente que existió de verdad: hasta principios del siglo XIX, las mujeres acudían a hacer la colada, a unos pasos de la antigua playa de Piaçava. Era también en este lugar, en la época en la que no había ni carretera ni camino donde se encuentra hoy la Rua Jardim Botanico, donde el príncipe regente D. João, llegando de Botafogo, tomaba el barco para ir hasta el jardín botánico.

Según la leyenda, el agua de la fuente poseía propiedades mágicas: quien la bebiese no podría jamás olvidar la belleza del lugar. La fuente se destruyó cuando unas tierras ganaron terreno a la laguna durante unas obras realizadas bajo el mandato del alcalde Carlos Sampaio (1920-1922). Hay una reproducción de la fuente en el número 111 de la Rua Fonte da Saudade.

PARQUE DE MARTELO

Rua Miguel Pereira, 41 - Humaitá
- Tel.: (21) 2527-0177
- Abierto de lunes a viernes de 8 a 12 h y de 13 a 16 h. Sábados y domingos de 9 a 13 h
- Prohibida la entrada con animales de compañía
- Entrada gratuita

El tesoro escondido de Humaitá

Paseando por la encantadora Rua Miguel Pereira, llena de casas y de edificios pequeños, es totalmente posible pasar delante del portal de madera del número 41 sin darse cuenta de que se trata de un tesoro urbano desconocido: el parque del Martelo, con sus jardines, sus árboles frutales, su maleza, su pequeña zona de juegos para niños y su área reservada al ejercicio físico.

Con una superficie de 16 000 m², ubicado en una vertiente del Morro do Martelo y enclavado en una zona residencial, el parque es el resultado de la larga batalla de los habitantes del barrio para que no se construyera un complejo inmobiliario de 200 apartamentos. Como feliz conclusión de esta "guerra", la prefectura entregó el lugar a la asociación de habitantes del alto Humaitá, en régimen de concesión y a condición de protegerlo y cuidarlo. El parque se inauguró en mayo de 2005.

Una vez pasados el portal y una pequeña rampa de acceso, el ambiente es de una tranquilidad casi perfecta, algo raro en Río. Reina también una sensación de intimidad, como cuando uno está en el jardín de su propia casa. Hay además una división natural entre la pequeña zona de juegos para niños y el área de deporte, y la vigorosa maleza que trepa hasta la cima de la colina. Los que se aventuren y lleguen a la cima disfrutarán de unas vistas sobre la Lagoa y el mar detrás de Ipanema. El parque, frecuentado en su mayoría por habitantes del barrio, ofrece también unas preciosas vistas sobre el Cristo Redentor, que está justo encima.

Cerca de la zona de juegos para los más pequeños y de una ducha externa, se alza el edificio donde está la administración del parque y donde se celebran los eventos. El mantenimiento del parque está financiado por las ayudas de vecinos (con donaciones, sobre todo, de juegos para los niños) y mediante actividades de recogida de fondos.

Antes de ser un parque, la zona estuvo ocupada a mediados del siglo XX por una pequeña favela, luego por un taller y después por una empresa de ingeniería.

Además de implicar a los vecinos, la lucha por el parque recibió el apoyo de grandes personalidades como el paisajista Burle Marx, el arquitecto Oscar Niemeyer y los poetas Ferreira Gullar y Carlos Drummond de Andrade, entre aquellos que firmaron un documento, el 15 de septiembre de 1984, declarando que *"la causa de los habitantes (...) representa para la ciudad, para la comunidad y para el barrio, la conservación de una zona que constituye (...) un patrimonio paisajístico y cultural"*.

JOATINGA
SÃO CONRADO
BARRA DA TIJUCA
ZONA OESTE

EL HANGAR DEL ZEPPELIN ❶

Base aérea de Santa Cruz
Rua do Império, s/n
• Visita previa reserva llamando al (21) 3078-0389 (el trámite de autorización de la visita tarda unas 4 semanas)
• Entrada gratuita
• Tren: estación Santa Cruz
• Bus (BRT): estación Santa Cruz
• Al llegar a una u otra estación (están cerca) tomar el bus 849

> *El único hangar operativo para dirigibles que existe en el mundo*

Hoy, el único hangar operativo para dirigibles de gran tamaño que existe en el mundo, el Hangar del Zeppelin, es la referencia histórica incontestable de la base aérea de Santa Cruz.

A 800 metros de la entrada, después de acceder a la base, el visitante descubrirá el hangar así como una pequeña reproducción en aluminio del zepelín. A pesar de la presencia de viviendas militares y de otros edificios, el recorrido despierta una sensación especial. Este gran espacio delimitado por la Serra do Mar está azotado por un constante viento y sometido al ritmo de los despegues y aterrizajes de los aviones de caza de la base, dado que la pista está al lado del imponente hangar.

De 270 metros de largo por 50 de ancho y 60 de alto, dotado de elementos *art déco*, el hangar ha sido declarado patrimonio nacional. Llamado en sus inicios Aeroporto Bartolomeu de Gusmão, en homenaje al sacerdote luso-brasileño que a principios del siglo XVIII llevó a cabo investigaciones sobre el transporte en globo, el hangar se construyó para acoger los enormes dirigibles alemanes Graf Zeppelin e Hindenburg, que cubrían la ruta Fráncfort-Río. Inaugurado

el 26 de diciembre de 1936, el hangar dejó de albergar los dirigibles tras el incendio del Hindenburg en mayo de 1937 en Nueva York. Así, el gigantesco hangar solo sirvió para nueve viajes: cuatro del LZ 129 Hindeburg y cinco del LZ 127 Zeppelin.

Se construyó también una fábrica de hidrógeno para alimentar los dirigibles, así como una línea de tren que comunicaba el hangar con la estación Central do Brasil. Una vez finalizada su explotación y tras el inicio de la Segunda Guerra Mundial en 1939, el gobierno brasileño ocupó el lugar, que se convirtió en 1942 en la base aérea de Santa Cruz. Hoy se utiliza una parte del hangar para el mantenimiento de los aviones de caza.

PUERTAS DE 80 TONELADAS

La instalación eléctrica del hangar está revestida con un blindaje especial para evitar las chispas que podrían causar un incendio en los dirigibles. El techo, aunque expuesto a condiciones climáticas muy difíciles, sigue siendo el original. La entrada más pequeña, utilizada para la ventilación, estaba destinada a la circulación del embarcadero. Las aeronaves entraban y salían por la puerta principal: cada una de sus hojas pesa 80 toneladas. Tardan seis minutos en abrirse a 60 grados. La torre de control, situada en lo alto del hangar, ofrece una vista que abarca desde Sepetiba hasta el río Gandu.

DOS DIRIGIBLES Y UNA BICICLETA

La visita del hangar comienza en la "sala histórica", pequeña pero muy instructiva, en la que se exponen fotos e informaciones sobre los dirigibles: cada uno contaba con una tripulación de 45 personas y transportaba cómodamente 35 pasajeros (Graf Zeppelin) o 50 (Hindenburg). 200 personas, apodadas "arañas", se repartían por la pista para ayudar a desplazar los dirigibles. Esta sala también tiene una insólita bicicleta, homenaje a Seu Mouzinho, quien participó en la construcción del hangar. Buen conocedor del funcionamiento general, trabajó en la base hasta que falleció en 1998 y no se desplazaba más que en esta bicicleta. Su casa, situada en la base, se ha convertido en un pequeño museo que expone los efectos personales del que tan bien conocía la historia del hangar, de los dirigibles y de la base.

MONUMENTO "SENTA A PUA" ②

Base aérea de Santa Cruz
Rua do Império, s/n, Santa Cruz
• Visita previa cita llamando al (21) 3078-0389 (el trámite de autorización de la visita tarda unas 4 semanas)
• Entrada gratuita
• Tren: Estación Santa Cruz
• Bus (BRT): Estación Santa Cruz
• Al llegar a una u otra estación (están cerca), tomar el bus 849 (desde la entrada de la base aérea hasta el monumento, calcule unos 800 metros)

Un monumento desconocido de Oscar Niemeyer

En la base aérea, cuna de la aviación de caza brasileña, donde se encuentra el espectacular Hangar del Zeppelin (ver p. 238), un monumento poco conocido rinde homenaje a los aviadores brasileños que participaron en la Segunda Guerra Mundial.

De hormigón armado y pintado de blanco para acentuar los volúmenes y aumentar el contraste entre luz y sombra, su forma, tal como la concibió Niemeyer, recuerda a la trayectoria y al impacto de las bombas lanzadas por los aviones P-47 Thunderbolt del 1er Grupo de Aviación de Caza, el escuadrón "Senta a Pua".

La parte inferior del monumento presenta los nombres de todos los combatientes del escuadrón y el mausoleo de su primer comandante, el brigadier Nero Moura. En la parte exterior sobresale el símbolo "Senta a Pua", con la explicación del significado de cada elemento que lo compone.

Al lado del monumento, se descubre algo que rara vez se ve en una obra acabada: los dibujos y los textos originales de Niemeyer explicando el concepto de su trabajo.

El P-47 pilotado por el lugarteniente Lima Mendes, que realizó 94 misiones durante la guerra, forma parte del monumento.

"Senta a Pua" es el divertido emblema creado por el capitán de aviación Fortunato Câmara de Oliveira, cuando el grupo se entrenaba en Estados Unidos, antes de partir para Italia. La elección del emblema suscitó numerosas discusiones entre los pilotos. Fortunato sugirió "Avestruz Voadora" ('avestruz voladora'), una elección aceptada por todos. Sin duda el avestruz no es un animal que vuela, pero su rapidez y su agilidad representaban al piloto brasileño en acción.

Además, su estómago tolera todo tipo de comida, ¡incluso la americana! Es al menos lo que decían bromeando los pilotos: la comida les parecía extraña, aunque se acostumbraron a ella. La fisonomía del avestruz es la caricatura de uno de estos militares, el lugarteniente Lima Mendes. Su nombre viene de la expresión "Senta a Pua, Zé Maria!" (literalmente, "¡Siente el aguijón, Zé María!"), muy popular en los años 40, especialmente en el nordeste de Brasil. También era usada por los pilotos, cuando de camino a la base aérea gritaban al chófer: "Senta a Pua, Zé Maria!"

El monumento fue inaugurado el 22 de abril de 2001, Día de la Aviación de Caza. Esta conmemoración se celebra ese día porque, el 22 de abril de 1945, en el cielo italiano, el 1er Grupo de Aviación de Caza llevó a cabo el mayor número de misiones en un solo día.

EL PUENTE DE LOS JESUITAS ❸

Estrada do Curtume, Santa Cruz
- Tren: estación Santa Cruz
- Bus (BRT): estación Santa Cruz
- Al llegar a una u otra estación (están cerca), tomar el bus 807

> *El tercer monumento inscrito en el patrimonio histórico del país*

En una curva de la carretera de Curtume, cómodamente colocado sobre los pastos verdes, un puente de hierro ofrece una imagen insólita: no cruza ningún río. Inicialmente llamado puente del Río Guandu, y luego puente Pedro I, este puente de los Jesuitas es uno de los ejemplos más bellos de la arquitectura de Río de Janeiro del siglo XVIII. Se construyó en 1752 sobre las tierras de la Fazenda de Santa Cruz, finca agrícola de los jesuitas, con el fin de poder cruzar el río Guandu y de regular el flujo de sus aguas, desviándolas si fuese necesario hacia el río Itaguaí. Este puente-presa protegía los cultivos y los rebaños, además de evitar la destrucción de las casas durante las crecidas. La modificación del curso del río Guandu, hoy principal fuente de abastecimiento de agua de la ciudad, hizo que el puente perdiese su función original, pero ha permanecido como un conjunto arquitectónico de importancia.

Para construirlo, dos jesuitas viajaron a Holanda para estudiar el control del caudal de agua. Con cincuenta metros de largo y seis de ancho, el puente fue construido en piedra, con cal de conchas de ostra y arena fina. Las columnas, que integran los guardacuerpos, disponen de capiteles en forma de piña portuguesa. Cuatro arcos atraviesan la base del puente, también de piedra, y permitían controlar el caudal de agua.

Un medallón de la Compañía de Jesús destaca en medio del puente, con las iniciales latinas IHS, "Jesús Salvador de los Hombres"; encima, una inscripción también en latín, grabada en la piedra, advierte al visitante: "Arrodíllate ante un tan gran nombre, viajero. Aquí se arrodilla también el río de las aguas vivas".

Restaurado en 2008, el puente de los Jesuitas es una referencia de la ingeniería hidráulica y una obra de gran envergadura para la época. Es el tercer monumento en haber sido inscrito en el patrimonio histórico del país.

FUENTE WALLACE ❹

Praça Dom Romualdo, Santa Cruz
• Tren: estación Santa Cruz
• Bus (BRT): estación Santa Cruz
• Al llegar a una u otra estación (están cerca), tomar el bus 872A

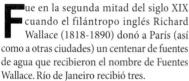

Una fuente parisina en Santa Cruz

Fue en la segunda mitad del siglo XIX cuando el filántropo inglés Richard Wallace (1818-1890) donó a París (así como a otras ciudades) un centenar de fuentes de agua que recibieron el nombre de Fuentes Wallace. Río de Janeiro recibió tres.

La que reina en la plaza Dom Romualdo en Santa Cruz estaba inicialmente enfrente del antiguo Palacio Imperial de Santa Cruz (ver p. 246), hoy Batallón Villagran Cabrita. Las otras dos están hoy en el Parque de la Ciudad, en Gávea, y en el jardín de las Manacás, en el bosque de Tijuca.

Construidas en hierro fundido en la famosa fundición de arte del Valle de

Osne, en Francia, fueron diseñadas por Charles Lebourg (1829-1906). Están decoradas con una estatua de cuatro cariátides que simbolizan las cuatro virtudes: la bondad, la caridad, la sobriedad y la simplicidad. Sobre la base de la fuente se puede leer la firma de su creador: « C. Lebourg S.C 1872 – Val d'Osne ».

A pesar de que el sistema de circulación del agua parece no funcionar, la fuente de la plaza Dom Romualdo está en buen estado, gracias a una restauración realizada en 2012.

Dada la forma y el gran tamaño de la iglesia Matriz de Nossa Senhora da Conceição, situada cerca de la fuente, algunos habitantes afirman bromeando que su arquitectura recuerda a la del Hangar del Zeppelin (ver p. 238), también situado en Santa Cruz. De hecho está inspirada en la bella iglesia de Pampulha (1943), proyecto icónico del arquitecto modernista Oscar Niemeyer, pero sin las mismas cualidades estéticas.

1ER BATALLÓN DE INGENIERÍA MILITAR   **5**

Praça Ruão, 35, Santa Cruz
• Visita previa cita llamando al (21) 3395-0573
• Entrada gratuita
• Tren: estación Santa Cruz
• Bus (BRT): estación Santa Cruz
• Al llegar a una u otra estación (están cerca), tomar el lado derecho del
paso elevado sobre la vía del tren y seguir a pie hasta la Praça Ruão

Un
monasterio
que se convierte
en palacio imperial
y luego
en escuela militar

Hoy sede del 1er Batallón de Ingeniería Militar, conocido con el nombre de Batallón Villagran Cabrita, en la plaza Ruão, el antiguo Palacio Imperial de Santa Cruz tiene una fachada impecablemente conservada, aunque quedan pocos vestigios de sus orígenes en el interior.

La historia del edificio, poco conocida, comienza en el siglo XVI, cuando estas tierras pasaron a manos de los jesuitas. Establecieron en él la Fazenda de Santa Cruz. En 1751 (fecha aún visible sobre la entrada principal), terminaron la construcción de la capilla y del monasterio de la hacienda. En 1759, con la expulsión de los jesuitas de los dominios portugueses, la Fazenda fue incorporada a los bienes de la corona portuguesa. Tras la llegada de la familia real a Río en 1808, se reformó el monasterio que se convirtió en 1811 en el Palacio Real de Santa Cruz, para mayor comodidad de D. João, que residió en él durante largos meses. Allí celebró audiencias públicas y organizó incluso fiestas.

Tras la proclamación de la independencia en 1822, el lugar tomó el nombre de Palacio Imperial. Se añadió una planta al edificio. D. Pedro II, propietario de dos teléfonos que le regaló Graham Bell, mandó instalar la primera línea telefónica de Sudamérica, que comunicaba el palacio de São Cristóvão con el de Santa Cruz. La primera oficina de correos de Brasil también se construyó en Santa Cruz, en 1843, en la Rua do Comércio, actual Rua Senador Camará. En cuanto al Matadero Imperial (ver p. 248), se inauguró en 1881.

Durante el siglo XIX, el palacio acogió a ilustres visitantes, como el francés Jean-Baptiste Debret, el austríaco Thomas Ender y la inglesa María Graham. El Salón Verde sigue exhibiendo reproducciones de lienzos de estos artistas. Se puede admirar también un pequeño cuadro que reproduce las evoluciones del edificio, incluida la añadidura de la tercera planta, realizada durante el periodo republicano cuando la propiedad se convirtió en la Fazenda Nacional.

> Tras la proclamación de la independencia de Brasil, en las riberas del río Ipiranga, en São Paulo, D. Pedro I conmemoró el acontecimiento en el palacio de Santa Cruz, con los miembros de su corte, antes de dirigirse al palacio de São Cristóvão.

LA PLAZA CON LA CRUZ QUE HA DADO SU NOMBRE AL BARRIO

En el césped de la plaza que está frente al palacio se alza una cruz de madera, reproducción de la que instalaron los jesuitas y que dio nombre al barrio. Hay también un mojón de piedra, uno de los doce de la Ruta Imperial de Santa Cruz, la cual comunicaba la región con la ciudad (ver p. 251).

LA HACIENDA DE SANTA CRUZ (FAZENDA)

La Fazenda de Santa Cruz, propiedad de los jesuitas desde 1589, empleó miles de esclavos y disponía en su tiempo de 22 recintos para diversos tipos de animales y de una agricultura muy variada. Disponiendo de tecnologías avanzadas para la época, la hacienda contaba con más de 25 talleres destinados a cubrir sus necesidades, además de un hospital, escuelas e incluso una orquesta y un coro compuestos de esclavos. Crearon el primer conservatorio de música del país.

DE PIRACEMA A SANTA CRUZ

Lo que hoy conocemos con el nombre de Santa Cruz era en sus inicios una región poblada de indígenas que la llamaban Piracema ('lugar con abundancia de peces'). En 1567 la Corona portuguesa ofreció esta región a Cristóvão Monteiro, en reconocimiento a su participación en la expulsión de los franceses de la bahía de Guanabara. Instaló un molino de azúcar y una capilla en el lugar llamado Curral Falso, que daría su nombre, más de cuatro siglos después, a una de las estaciones de bus BRT. Tras la muerte del propietario, en 1589, su viuda donó las tierras a los jesuitas, quienes en poco tiempo establecieron en ellas una enorme hacienda a la que llamaron Santa Cruz (ver más arriba).

Con los años, la región adoptó el nombre de Santa Cruz. Hoy es el barrio más alejado del centro de la ciudad y el tercero más poblado. Es también un verdadero tesoro desconocido de la historia del país, en particular desde el siglo XVI hasta la instauración de la República.

RUINAS DEL MATADERO IMPERIAL ❻

FAETEC (Fundación de Apoyo a la Escuela Técnica)
Largo do Bodegão, 46, Santa Cruz
• Abierto de lunes a viernes de 8 a 16 h
• Visita previa cita llamando al (21) 2333-7228 • Entrada gratuita
• Tren: estación Santa Cruz • Bus (BRT): estación Santa Cruz, y luego 20
minutos a pie o tomando cualquier bus que va a Sepetiba

> *Un matadero que fue en su día el más moderno del mundo*

Inaugurado por D. Pedro II en 1881, el Matadero Imperial de Santa Cruz, en la plaza de Bodegão, era considerado en su día el más moderno del mundo. Junto con él se construyeron el Palacio del Matadero y la Vila Operária (pueblo obrero). Mientras que hoy el palacio es un centro cultural dinámico, del matadero solo quedan ruinas y las viviendas obreras han perdido todo su carácter. Las ruinas del "camino del matadero" y de la "casa del matadero" han sido invadidas por los árboles y la maleza, pero se pueden visitar. Permiten hacerse una idea del funcionamiento del matadero, gracias a las indicaciones de la FAETEC que facilitan las visitas guiadas. El saladero, donde se salaban las carnes, sigue existiendo y hoy es la sala donde se practican las artes marciales de la escuela técnica. En el matadero no solo se mataba ganado, procedente de estados vecinos e incluso de Argentina (al que llamaban "ganado gringo"), sino también animales como los cerdos o las aves de corral.

En el jardín, aún se puede ver el gran generador del matadero. También producía la energía necesaria para alumbrar las calles vecinas, haciendo de Santa

Cruz el primer barrio con electricidad. El matadero también tenía su propia estación de tren con el fin de facilitar el transporte de la carne fresca. Hoy, la estación está abandonada y ocupada por personas sin hogar. Tanto la estación como los restos del matadero han sido declarados patrimonio por el Ayuntamiento.

SÃO JORGE Y EL MATADERO

San Jorge es el santo más popular de la ciudad. Durante su celebración, el 23 de abril, una de las mayores procesiones es la de la plaza de Bodegão. En ella, los devotos recorren las calles del barrio a caballo, en carroza o a pie. La procesión tendría su origen en los ganaderos que venían de Minas Gerais y llevaban su ganado al matadero.

El Matadero Imperial sustituyó el matadero de 1853 que estaba en São Cristóvão, cerca de la actual Praça da Bandeira, el cual sustituyó a su vez el primer matadero de la ciudad (de 1774), ubicado en la playa de Santa Luzia, hoy desaparecida. La FAETEC (Fundación de Apoyo a la Escuela Técnica) se encuentra en lo que fue el Matadero Industrial, que remplazó el Matadero Imperial en el siglo XX.

PALACIO PRINCESA ISABEL

Centro Cultural Municipal de Santa Cruz
Centro de Orientación y de Investigación Histórica de Santa Cruz (NOPH)/
Ecomuseo de Santa Cruz
- Rua das Palmeiras Imperiais, s/n
- www.quarteirao.com.br
- Visita previa cita llamando al (21) 99618-0672
- Entrada gratuita
- Tren: Estación Santa Cruz
- Bus (BRT): Estación Santa Cruz

*El lugar
donde vivía el
director
del matadero*

La administración del Matadero Imperial (ver página anexa) y la residencia de su director se encontraban en el imponente Palacio del Matadero, hoy conocido como el palacio Princesa Isabel. Este edificio neoclásico, que también data de 1881, albergaba unos jardines firmados por el urbanista francés François Marie Glaziou, autor de la reforma del Passeio Público (ver p. 120).

Las enormes higueras que rodean el palacio son de aquella época, así como

las palmeras imperiales de la entrada. Poco después de su inauguración, se convirtió en una escuela. Años más tarde, sufrió grandes deterioros e incluso se incendió. Desde su restauración, alberga un centro cultural y la sede del Centro de Orientación y de Investigación Histórica de Santa Cruz (NOPH).

Se construyeron casas para los empleados del matadero y sus familias junto al palacio: la Vila Operária (pueblo obrero) del matadero. Hoy siguen siendo viviendas, pero han perdido su carácter original.

El Ecomuseo de Santa Cruz, inicialmente Ecomuseo del Centro Cultural del Matadero, es el primer ecomuseo de la ciudad. Este concepto nació en Francia en los años 1970. En estos nuevos "museos contemporáneos", la idea de "patrimonio" ha sustituido la de "colección de objetos" de los museos tradicionales. Del mismo modo, la "comunidad participante" y el "territorio/espacio vivido" pasan a ser, respectivamente, "público/ visitante" y "edificio/sede". El Ecomuseo de Santa Cruz fue reconocido en 1992 por el trabajo llevado a cabo por el NOPH, con motivo del primer Encuentro Internacional de Ecomuseos celebrado en Río de Janeiro.

EL MOJÓN Nº 7 DE LA RUTA IMPERIAL ⑧

Frente al Palacio Imperial de Santa Cruz
Praça Ruão
Santa Cruz

> **La carretera que unía los palacios Imperiales de São Cristovão y de Santa Cruz**

En el centro del césped de la plaza Ruão, frente a lo que fue el Palacio Imperial de Santa Cruz (actual Batallón Villagran Cabrita, ver p. 246), hay un modesto mojón, no muy lejos de la copia de la gran cruz de madera erigida por los jesuitas en el siglo XVI. Se trata de uno de los doce mojones de la Ruta Imperial de Santa Cruz que indicaban la distancia entre los palacios de Santa Cruz y de São Cristóvão. Según los investigadores del Centro de Orientación y de Investigación Histórica de Santa Cruz (NOPH), el mojón de la plaza Ruão, que originalmente no estaba aquí, es uno de los que quedan. Ofrece además un aspecto muy particular: en él se pueden leer los símbolos del Imperio y de la República, respectivamente PI (Pedro I) y FN (Fazenda Nationale), así como el número (7) y la referencia al año 1826. Los otros dos mojones de los que se tiene conocimiento son el 11, también en Santa Cruz, en la plaza que lleva su nombre, y el 10, en Paciência, cerca de los buses BRT.

La ruta existe desde la época de los jesuitas –de hecho la llamaban el Camino de los Jesuitas–. Comunicaba la Fazenda de Santa Cruz con el Morro do Castelo (ver p. 61), donde se hallaba el Colegio de los Jesuitas. Con el tiempo, ha ido cambiando de nombre: Camino de Minas, puesto que iba hasta Minas Gerais, por donde pasaba el oro que se enviaba a Portugal; luego Ruta Real, antes de convertirse en Imperial, de Santa Cruz. Hoy corresponde a importantes calles de la ciudad.

D. PEDRO I, SU AMANTE Y EL ORIGEN DEL NOMBRE DEL BARRIO DE PACIÊNCIA

El origen del nombre de la estación de trenes de Paciência inaugurada en 1887 ("Paciência" significa "paciencia") y del barrio del mismo nombre combina historia y leyenda. Este lugar albergó la Fazenda do Mato da Paciência, probablemente la plantación de azúcar más antigua del país. También hay pruebas de que cuando D. Pedro I y su corte viajaban al Palacio Imperial de Santa Cruz (ver p. 246), hacían una parada aquí para que sus caballos descansasen. Según la leyenda, al llegar al lugar de descanso, el emperador habría montado un caballo que le esperaba in situ para reunirse con la marquesa de Santos (Domitila de Castro Canto e Melo, 1797-1867) en una hacienda cercana. Cansados de esperar, los miembros de la corte preguntaron a los cocheros cuándo podrían retomar el viaje. Estos, que conocían las costumbres de D. Pedro y el tiempo que pasaba en los brazos de su famosa amante, respondían invariablemente: "paciencia, paciencia, hay que tener paciencia...".

CAPELA MAGDALENA ❾

Estrada do Mato Alto, 6024, Guaratiba
• contato_capelamagdalena@yahoo.com.br
• Solo mediante reserva
• Tel.: (21) 2410 7183
• Entrada: 120 R$ por persona, incluye la comida o la cena, el concierto y la visita al museo
• Evitar ir los viernes (atascos colosales garantizados viniendo de Río).

> **Un momento único en un lugar único**

A una hora aproximadamente del centro de Río, al final de Barra de Tijuca, la Capela Magdalena es un lugar único.

Obra de Roberto de Regina, el lugar es a la vez una capilla, un lugar para conciertos, un restaurante y un pequeño museo privado con reproducciones en miniatura de trenes, aviones, barcos, castillos, iglesias y edificios célebres del mundo entero. Antiguo médico anestesista, Roberto es un personaje sorprendente. Como él mismo dice, ha pasado una buena parte de su vida durmiendo a la gente. Ahora, la despierta con su sensibilidad, su generosidad y su creatividad: efectivamente Roberto lo ha hecho casi todo él solo: ha pintado al fresco los muros de la capilla, ha fabricado el clavicordio con el que ofrece los conciertos de música barroca y ha creado casi la totalidad de los 500 objetos de su museo. Aunque cualquiera se puede unir, siempre previa reserva, a un grupo ya formado, lo mejor es formar su propio grupo de 10 a 12 personas (o más),

para disfrutar del lugar en exclusividad. Como bien dice el maestro Roberto, quien también prefiere los grupos pequeños, el intercambio es mucho más fuerte en la intimidad.

Por último, a quienes no les apasiona especialmente la música del Renacimiento querrán saber que el entusiasmo de Roberto y la calidad de la música que toca harán que pasen un rato excelente.

Es altamente aconsejable pasar el día entero en esta zona: comer en la Capela, luego ir a la playa (Grumari o las playas secretas de Guaratiba, ver p. 254) y cenar cerca (por ejemplo en el excelente Bira) o al revés: playa y comer y luego cenar en la Capela.
El famoso jardín de Burle Marx es otra buena opción que está relativamente cerca.

EL SENDERO TRANSCARIOCA HASTA LAS PLAYAS SALVAJES DE GRUMARI ⑩

Punto de partida del sendero en la Barra de Guaratiba: Rua Parlon Siqueira
• Tel.: (21) 2410-1382 (Parque Natural Municipal de Grumari)
• Distancia: 8 km (ida únicamente del recorrido completo Guaratiba-Grumari) • Tiempo: 4 horas (ida únicamente del recorrido completo Guaratiba-Grumari)
• Entrada gratuita

Las playas desiertas de la metrópolis

Cuando uno evoca las playas desiertas lo que le viene enseguida a la mente son el Caribe o el Pacífico. Pero no hace falta ir tan lejos. Río de Janeiro goza de hecho de cinco playas desiertas accesibles desde el sendero Transcarioca, cuyo punto de partida coincide con el acceso a estas playas.

El camino que conduce a las playas de Búzios (no confundir con la pequeña ciudad balnearia al este de Río), Perigoso, Meio, Funda e Inferno es fácil y está muy bien señalizado con flechas de madera intercaladas con las marcas amarillas del sendero Transcarioca, pintadas en los árboles o en las piedras. Esta señalización y la limpieza de las playas son fruto de los esfuerzos del gestor del Parque Natural Municipal de Grumari y de la ONG Amigos do Perigoso (Amigos del Perigoso), que ha adoptado este tramo del sendero Transcarioca y organiza con regularidad acciones de limpieza voluntarias para recoger los desechos de las playas.

Durante su visita a Río en 1833, el inglés Charles James Fox Bunbury escribió "Las playas cercanas a Río suelen estar bordeadas de filas de arbustos siempre verdes, principalmente de cerezos de Cayena (Pitanga) (…)". 200 años después, las playas salvajes de Guaratiba siguen igual.

La marcha alterna tramos de bosque cerrado (los sectores reforestados durante los años 90), los cabos rocosos y las numerosas playas de arena blanca. Es importante llevar un sombrero, crema solar y mucha agua.

Antes de llegar a la primera zona de arena, hay un desvío que merece la pena (por un sendero bien señalizado), hasta el mirador del Telégrafo que ofrece una vista espectacular de Río de Janeiro. Después de la playa del Perigoso, se puede subir de nuevo y seguir el camino. El sendero, que rodea el cabo, lleva hasta las playas de Meio, Funda e Inferno. En quince minutos, se llega a la playa de Meio donde hay una fuente de agua dulce. A partir de ahí, hay que seguir por la cima de la colina, al otro lado de la playa. En un cuarto de hora más, se llega a la playa de Funda, que casi siempre está desierta. Desde la playa de Funda hasta la de Inferno, basta con escalar durante cinco minutos el cabo que las separa.

Después de la playa de Inferno, hay seguir las marcas amarillas del sendero Transcarioca para llegar a Grumari.

UN TRAMO QUE TERMINA EN GRUMARI

A unos 8 km, el tramo del sendero Transcarioca termina en Grumari. Para volver al punto de partida, hay que regresar por el mismo camino o utilizar un medio de transporte por carretera entre Grumardi y la Barra de Guaratiba. Para la segunda opción, lo mejor es ir en dos coches, dejar uno al final del recorrido y el otro en el punto de partida, para poder volver fácilmente al primer coche.

Se cuenta que cuando el ex gobernador Leonel Brizola tenía que tomar decisiones difíciles iba en helicóptero hasta la playa de Inferno para meditar en paz.

ESTATUA DE UN JUGADOR DE FÚTBOL ⑪

Rua Fonseca, 240

• Estación Bangu (tren SuperVia, desde la estación Central do Brasil)

El primer partido de fútbol de Brasil

A la izquierda de la entrada principal del centro comercial Bangu, cerca del aparcamiento, se alza la estatua de un hombre sobre un globo terráqueo, en el centro de una pequeña fuente, con la inscripción: "En este lugar se celebró el primer partido de fútbol de Brasil".

La estatua es un homenaje al escocés Thomas Donohoe, que organizó este primer partido el 9 de septiembre de 1894. Improvisó el campo de juego en un solar, frente a la fábrica de tejidos Bangu, usando cuatro estacas a modo de porterías. 12 jugadores se enfrentaban, 6 en cada equipo. El reducido número de participantes no era un problema para Donohoe y sus compañeros, tampoco la falta de camiseta o de cronómetro. Lo importante era divertirse.

Thomas Donohoe, obrero textil en Glasgow, Escocia, se trasladó a Río de Janeiro en mayo de 1894 para trabajar en la nueva fábrica de tejidos Bangu, inaugurada un año antes. Cuando llegó a Bangu, tras hora y media de viaje en tren desde el centro de Río, descubrió una ciudad con una sola calle y menos de mil habitantes. Se dio cuenta también de que no se practicaba ningún deporte y de que los brasileños no sabían lo que era el fútbol –una decepción para este atleta de treinta y un años que había sido un ídolo de este deporte en su país natal–.

Su familia (su esposa y sus dos hijos de corta edad) desembarcó en el puerto de Río el 5 de septiembre de 1894, llevando en sus maletas un objeto muy especial para Donohoe: un balón de fútbol. Estando aún en el tren que les llevaba del centro de la ciudad a Bangu, Donohoe sacó de su maleta lo que para el resto de los pasajeros era un trozo de cuero hecho con paneles unidos y cosidos. Para sorpresa de todos, el trozo de cuero se convirtió en una pelota con la ayuda de un inflador de aire. Y Donohoe empezó a jugar ¡dentro del vagón!

"Seu Danau", como le llamaban los obreros de la fábrica, defendió los colores del Bangu Atlético Clube, que ayudó a fundar en 1904. Murió en octubre de 1925. La fábrica Bangu cerró sus puertas en febrero de 2004, tras haber ocupado durante décadas un lugar destacado en la vida económica, social y cultural de la región y de la ciudad. Tres años después, el centro comercial Bangu rehabilitaba la fachada catalogada y abría sus puertas.

Como consecuencia de esta improvisación y de la falta de elementos formales (camisetas, cronómetro, marcador de goles, número de jugadores, dimensiones del campo) durante el partido de septiembre de 1894 en Bangu, algunos consideran que el primer partido de fútbol del país tuvo lugar en abril de 1895, siete meses después del de Thomas Donohoe. Se celebró conforme a las reglas de Charles Miller, en São Paulo.

CASA-MUSEO DE BUMBA-MEU-BOI ⑫

Asociación Raízes de Gericinó
Estrada do Gericinó, 80, casa 3-A, Bangu
• Abierto todos los días (previa reserva llamando al (21) 3465-3959)
• Entrada: 5 R$
• Bus: 398, 366, 364, 2336 (salir a la Av. Brasil, después de la fábrica de Coca-Cola tomar la primera calle de la derecha y caminar unos 150 metros)

Un recuerdo de las escenificaciones del Bumba-meu-boi del Maranhão

Es una casa pequeña con rejas en su terraza, justo en la entrada de un complejo inmobiliario de unos 300 habitantes, sobre una especie de plaza con el césped cortado. Esta casa alberga el pequeño museo del Bumba-meu-boi (ver recuadro), en la sede de la organización sin ánimo de lucro Raízes de Gericinó (Raíces de Gericinó, un barrio popular de Río).

El lugar es un verdadero museo viviente: además de exponer las alegorías y los disfraces que se usan cada año durante la fiesta local del Bumba-meu-boi, Raízes de Gericinó, una entidad que nació de la lucha colectiva por el derecho a la propiedad de la vivienda en la región, defiende las raíces culturales de la región del Maranhão presentes en el barrio. Ofrece talleres de confección de ropa y accesorios, de artesanía, de danza y de lectura para los niños de la comunidad, con el fin de preservar la tradición del Bumba-meu-boi.

Todo se hace de una manera informal, pero estructurada. Este proyecto casi familiar nace de la llegada a Río de la familia Merces, oriunda del Maranhão: Seu José, Dona Rosa y seis de sus hijos. A pesar de la difícil vida que conocían los inmigrantes pobres, a los Merces les gustaban los festejos y organizaron rápidamente fiestas con abundante música del nordeste y platos típicos. Estos eventos conquistaron poco a poco nuevos adeptos en el barrio, familias que como ellos luchaban por conseguir ser propietarios de su vivienda y por ganarse la vida con dignidad.

En 2011, nostálgicos de las escenificaciones del Bumba-meu-boi del Maranhão, los Merces organizaron su primera representación, a la que bautizaron *Bumba-meu-boi, Estrella de Gericinó*. El grupo ha ido creciendo y hoy va más allá de los simples lazos familiares. Los disfraces y los accesorios que procedían del Maranhão, hoy están confeccionados por la comunidad, gracias al trabajo de la asociación Raízes. Todos los años, en julio, la Estrella de Gericinó tiene lugar en la pequeña plaza situada frente al museo, acompañada de música, baile y numerosos platos típicos.

¿QUÉ ES EL BUMBA-MEU-BOI?

Muy popular en las regiones norte y nordeste, el Bumba-meu-boi es una de las representaciones más ricas del folklore brasileño. Nacida en el siglo XVIII, esta escenificación, llamada de distintas maneras según el estado donde se celebre, es una especie de ópera popular que combina danza, música, teatro y circo. La historia se desarrolla en torno a un rico granjero propietario de un precioso buey que ha sido robado, que muere, pero que resucita. Todo termina en una gran fiesta.

MUSEU BISPO DO ROSÁRIO ⑬

Estrada Rodrigues Caldas, 3400 – Jacarepaguá
- Tel.: (21) 3432-2402
- Abierto de martes a sábado de 10 a 17 h
- http://museubispodorosario.com

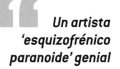

Un artista 'esquizofrénico paranoide' genial

Figura importante del arte marginal, Arthur Bispo do Rosário (1909-1989) es con seguridad el artista que mejor completa las actividades de la gran psiquiatra brasileña Nise da Silveira (ver Museu de Imagens do Inconsciente, p. 295). Sus obras se exponen con frecuencia en las grandes exposiciones de arte contemporáneo internacional.

En 1938, Bispo do Rosário sufre una crisis psicótica en la que toma consciencia de su misión en la Tierra: recrear el universo en una forma adecuada para Dios con el fin de obtener su redención en el Juicio Final. Lo arrestan, lo hospitalizan y le diagnostican esquizofrenia paranoide. Lo internan en la Colônia Juliano Moreira, un hospital psiquiátrico de Río de Janeiro donde permanece hasta su muerte (ver página anexa). Este artista, que nunca ha estudiado en una escuela de arte ni seguido una terapia ocupacional (ver página anexa), deja tras de sí un importante conjunto de 800 obras catalogadas que hoy alberga el museo que lleva su nombre, inaugurado en el 2000.

El artista atraviesa el siglo XX dialogando inconscientemente desde el fondo de su celda con las distintas corrientes importantes del arte contemporáneo, desde obras de Duchamp hasta el *arte povera* (arte pobre), pasando por el arte conceptual en un momento en que el neoconcretismo brasileño rompe con todos las estructuras tradicionales.

Sus técnicas de trabajo son mixtas. Crea sus obras con objetos cotidianos reciclados, como botones, botellas, papel, cajas, sábanas de hospital, utensilios varios, botas de caucho o simples trozos de madera… Sus esculturas y otros objetos a veces están recubiertos de telas bordadas de rica textura. También confecciona ropa, siendo su *Manto de Presentación*, que pensaba ponerse el día del Juicio Final, el más conocido, pero también sus banderolas, sus barcos, sus coches, un ring de boxeo, etc.

La política del museo para invitar a artistas contemporáneos tiene el fin de crear un diálogo con el trabajo de Bispo do Rosário, organizando exposiciones temporales de gran calidad que justifican la añadidura de 'Arte Contemporânea' al nombre del museo.

LA COLÔNIA JULIANO MOREIRA: CIENCIA, HISTORIA Y NATURALEZA

A menos de cinco minutos en coche del museo, la Colônia Juliano Moreira (Barrio de Taquara, Estrada Rodrigues Caldas, 3400, Jacarepaguá) es una institución psiquiátrica creada en la primera mitad del siglo XX por Juliano Moreira (1873-1932), uno de los pioneros de la psiquiatría brasileña, conocido por su trabajo sobre la humanización de los tratamientos y la rehabilitación mediante el trabajo, concretamente a partir del trabajo realizado en granjas agrícolas.

Con casi 80 km² de zona protegida, el lugar sigue albergando unidades de psiquiatría y un campus científico inspirado en el Institut Pasteur. También se pueden descubrir numerosos rastros históricos así como un patrimonio natural excepcional. El conjunto se encuentra en la antigua plantación de caña de azúcar Nossa Senhora dos Remédios (Nuestra Señora de los Remedios), que fue desmantelada en 1664. Sigue habiendo una iglesia con el mismo nombre (del siglo XXI), un antiguo acueducto del siglo XVIII y numerosos edificios lamentablemente en mal estado. Los paseantes apreciarán también el paseo por el parque de la Piedra Blanca hasta la magnífica *cachoeira* (cascada) de la Colônia.

EL SENDERO AÇUDE

Inicio del sendero: cruce de la Estrada da Princesa Imperial y de la Estrada
do Visconde do Bom Retiro (dentro del bosque de la Tijuca)
- Tiempo: 2 horas
- Museo de Açude: Estrada do Açude, 764 - Alto da Boa Vista
- Tel.: (21) 3433-499 (Museo de Açude) / (21) 2491-1700
- Entrada gratuita (el museo cierra los martes)

La cascada de Cascatinha como no la ha visto nunca

Todos los cariocas conocen el bosque de la Tijuca y ya han oído hablar del museo de Açude. Lo que poca gente sabe es que los dos están comunicados por uno de los tramos más bonitos del sendero Transcarioca. El camino, de cuyo mantenimiento se encarga el grupo de voluntarios AVEC Trilhas, está totalmente señalizado con las marcas amarillas que le han dado fama al Transcarioca. El paseo dura unas dos horas (empezando al lado del restaurante Os Esquilos y terminando cerca de la Cascatinha) y es rico en historia, en bellas vistas y en fauna local.

Castro Maya, antiguo propietario de la residencia que hoy alberga el museo de Açude, usaba este sendero para ir a caballo al bosque de la Tijuca, que administró desde 1943 hasta 1947. Tal vez sea la razón por la que es largo y está bien definido.

Entre el bosque y el museo, se pasa por el Alto do Cruzeiro, un lugar con una gran cruz de madera donde se celebraban misas para los esclavos en la época en que la región era rica en plantaciones de café. Luego se puede subir a una torre de observación y a una pasarela donde, con un poco de suerte, se pueden ver tucanes y halcones.

Al llegar al museo de Açude, está el antiguo picadero ecuestre de Castro Maya, donde hoy se encuentra una fantástica instalación de Hélio Oiticica.

Seguir el paseo una hora más merece la pena. Permite visitar la antigua residencia de Castro Maya, decorada con azulejos portugueses que pertenecían al marqués de Marialva y con una chimenea esculpida en Pernambuco, cuando este estaba bajo dominio holandés, de Maurízio de Nassau, entre otras obras de arte que Castro Maya coleccionaba con gusto. No se necesita entrar en el museo para apreciar su jardín, que también incluye obras de arte y vajilla antigua, así como instalaciones modernas adquiridas por la administración del lugar.

Tras rodear la casa principal y pasar por delante de las caballerizas, el Transcarioca vuelve a subir hacia el bosque de la Tijuca y prosigue por un sendero que coincide con los antiguos límites de la propiedad, donde aún se pueden ver los mojones con las iniciales CM (Castro Maya). Antes de bajar hacia el acceso de la plaza Afonso Vizeu, queda una última perla por descubrir: una terraza de madera donde se encuentra el mirador de Cascatinha. Desde ahí se puede disfrutar de una magnífica vista del bosque sin rastro alguno de civilización: solo el verde del bosque atlántico rodeando los treinta metros de cascada de la Cascatinha Taunay.

SENDERO TRANSCARIOCA, DEL ALTO DA BOA VISTA A LA MESA DO IMPERADOR ⓯

Inicio del sendero: Praça Afonso Vizeu (Alto da Boa Vista)
• Tel.: (21) 2491-1700 (Parque Nacional da Floresta da Tijuca)
• Distancia: 8,2 km (ida únicamente)
• Tiempo: 3.30 horas (ida únicamente)
• Entrada gratuita

Río a 360 grados

Esta desconocida travesía comunica los macizos de Tijuca y de Carioca por la línea de la cresta del Morro do Queimado. Larga, abrupta y agotadora, esta marcha merece a pesar de todo cada gota de sudor, pero es necesario llevar mucha agua. Durante el recorrido, se pasa por una docena de miradores desde donde se puede admirar, sucesivamente, Barra da Tijuca, la Pedra da Gávea, la zona norte con la Sierra dos Órgãos al fondo, el Corcovado, el Pan de Azúcar y la Lagoa Rodrigo de Freitas, bajo distintos ángulos que solo este paseo es capaz de ofrecer.

Su recorrido está totalmente señalizado con las marcas amarillas del sendero Transcarioca. La caminata empieza en el portal del Parque Nacional da Floresta da Tijuca, en la plaza Afonso Viseu, en Alto da Boa Vista. Hay que seguir las marcas amarillas pintadas en los postes, cruzar la calle Boa Vista y subir por la de Amado Nervo. Al llegar a la garita del Parque Nacional da

Floresta da Tijuca, se entra en el bosque por la escalera de madera que está a la derecha. Cuidado: la subida, en pleno bosque atlántico, es larga.

Unos cuarenta minutos después, hay una bifurcación. A la derecha, a apenas diez minutos de distancia, están el mirador de Freira y sus inigualables vistas de la Pedra da Gávea. El desvío merece la pena.

De regreso al tramo principal del sendero Transcarioca, el camino sigue subiendo y ofrece progresivamente las vistas más bellas de la ciudad.

Después de tres horas de marcha, se llega a la cima del Morro do Queimado donde las vistas son realmente sublimes. A partir de este punto, el sendero solo baja o casi. Luego continúa dentro el bosque y atraviesa una pequeña colina antes de volver a bajar y desembocar en un sendero llano donde hay que girar a la derecha.

Aquí nos encontramos en el trazado de una antigua ruta, iniciada en 1857 para garantizar la comunicación en tranvía entre el Jardín Botánico y el centro de la ciudad. La empresa elegida dinamitó la mitad del camino para abrir el espacio suficiente para que los vagones pudieran pasar entre las rocas. La obra nunca llegó a terminarse, dado que la empresa quebró entretanto.

Siguiendo la antigua vía férrea, se llega a lo alto de las escaleras que llevan a la Mesa do Imperador (La Mesa del Emperador), donde D. Pedro II organizaba pícnics con la familia real. A partir de ahí, los más valientes pueden seguir hasta la Vista Chinesa (Vista China) o el Solar da Imperatriz (Mansión de la Emperatriz). Para los demás, lo mejor es ir en dos coches y dejar uno en la Mesa do Imperador y el segundo en la plaza Afonso Viseu, para llegar fácilmente al primer coche.

LA MISTERIOSA INSCRIPCIÓN DE LA PEDRA DA GÁVEA

Pedra da Gávea, a 842 metros sobre el nivel del mar, es la primera montaña carioca que divisaron los marineros de la expedición portuguesa del capitán Gaspar de Lemos el 1 de enero de 1502: su forma les recordó a una gavia (*gávea*) y la bautizaron con ese nombre.

Para algunos, según la teoría (discutida) de la presencia de los fenicios en Brasil, la Pedra habría sido moldeada por navegantes fenicios que habrían llegado aquí hacia el año 1000 a.C. Habrían sido ellos quienes le habrían dado la forma de una esfinge, según una teoría desarrollada por Robertus Comtaeus Nortmannus (1644) y George Horn (1652). La idea habría sido retomada por Ludwig Schwennhagen en 1928, y sobre todo por Bernardo Ramos, "el Champollion brasileño", en 1930. Este autor descubrió en la pared lateral de la Pedra da Gávea inscripciones en las que identificó letras fenicias que formaban, de derecha a izquierda, la siguiente frase: "Tiro Fenicia, Badezir, primogénito de Jethbaal". En 1954, Henrique José de Souza, el fundador de la Sociedad Teosófica Brasileña, rectificó la traducción: "Jethbaal, fenicio de Tiro, primogénito de Badezir". Según otras fuentes, estas letras, en realidad, no son más que el resultado del desgaste natural de la piedra.

El Profesor Henrique José de Souza abordó en profundidad el misterio de la Piedra da Gávea y su relación con la historia fenicia de Brasil. Según él, el rey desterrado de Tiro (capital de Fenicia) *Baal-Zir* o *Badezir* (de donde derivaría para algunos el topónimo Brasil, independientemente de la madera del mismo nombre) llegó aquí acompañado de sus dos hijos gemelos, *Yet-Baal-Bey* y *Yet-Baal-Bel*. Un día mientras cruzaban la bahía de Guanabara, procedentes de Niteroi, su barco se hundió en medio de una fuerte tormenta y murieron ahogados. Rescatados los cuerpos, fueron depositados dentro de la Pedra da Gávea (*Metaracanga*, en tupí) que pasó a ser, de alguna manera, su tumba. Durante muchos milenios, los restos funerarios descansaron dentro del monolito, en una cavidad excavada por manos humanas, luego desaparecieron misteriosamente. La frase "Jethbaal, fenicio de Tiro, primogénito de Badezir" sería pues un homenaje póstumo del rey Badezir a su primogénito, y lo que está esculpido en la parte delantera de la Pedra da Gávea, con los rasgos de un anciano barbudo con un yelmo en la cabeza, sería la efigie del monarca. La supuesta entrada al interior del monolito está señalada con una enorme losa blanca que se alza en la parte de atrás de la Pedra, del lado del barrio de São Conrado.

El emperador Dom Pedro II de Brasil se representó a sí mismo como una esfinge en un grabado del siglo XIX.

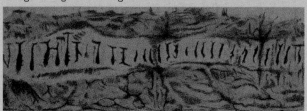

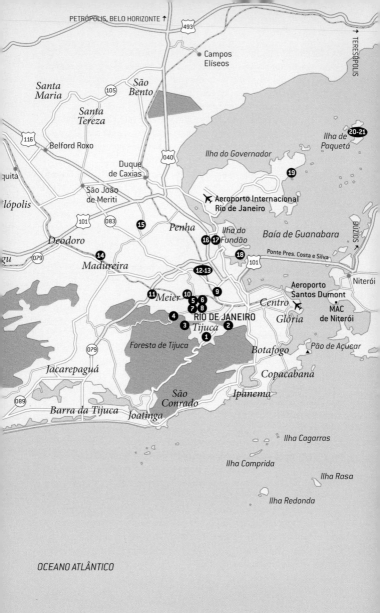

PETRÓPOLIS, BELO HORIZONTE ↑

TERESÓPOLIS

493

Campos
Elíseos

*Santa
Maria*

*São
Bento*

105

*Santa
Tereza*

116

Belford Roxo

040

Ilha de
Paquetá

20-21

lópolis

quita

Duque
de Caxias

Ilha do Governador

São João
de Meriti

101

083

15

Penha

BÚZIOS

Aeroporto Internacional
Rio de Janeiro

19

Deodoro

079

14

Madureira

*Ilha do
Fundão*

16 17

18

101

Baía de Guanabara

Niterói

Ponte Pres. Costa e Silva

Aeroporto
Santos Dumont

11

Meier

10

12-13

5 6
7 8

9

3

4

RIO DE JANEIRO

Tijuca

1

2

Centro

Glória

MAC
de Niterói

Foresta de Tijuca

Botafogo

Pão de Açúcar ▲

079

Jacarepaguá

*São
Conrado*

Copacabana

Ipanema

089

Barra da Tijuca

Joatinga

Ilha Cagarras

Ilha Comprida

Ilha Rasa

Ilha Redonda

OCEANO ATLÂNTICO

N

0   5   10 km

TIJUCA
SÃO CRISTÓVÃO
ZONA NORTE

CENTRO MUNICIPAL DE REFERENCIA DE LA MÚSICA CARIOCA ARTUR DA TÁVOLA ❶

Rua Conde de Bonfim, 824
Tijuca
• 20 R$ (entrada general) o 10 R$ (entrada reducida) (precios según los espectáculos musicales). Las exposiciones suelen ser gratuitas
Abierto martes, miércoles y domingos de 10 a 18 h. Jueves y sábados de 10 a 20 h
• Tel.: (21) 3238-3831 o (21) 3238-3880
• creferenciadamusicacarioca.blogspot.com
• Programación permanente los fines de semana dedicados a los niños
• Metro: Uruguai

La casa musical de Río

Saliendo de la Praça Saens Pela, en Tijuca y subiendo por la Rua Conde de Bonfim hacia la Usina o el Alto de Boavista, una sorpresa espera al llegar a la esquina de la Rua Garibaldi. En contraste con la monótona sucesión de edificios y establecimientos comerciales presentes en casi todo el recorrido, una antigua e imponente mansión de estilo medieval francés destaca en el paisaje.

Este pequeño palacio, edificado en 1921, es hoy uno de los raros ejemplos de este tipo que existen aún en el barrio. Fue concebido por el arquitecto Gaspar José de Souza Reis para servir inicialmente como residencia al comerciante portugués Manoel Vieira Júnior, su primer propietario, y luego al italiano Mário Bianchi, un hombre de negocios próspero del sector del transporte.

Aunque la belleza arquitectónica del edificio no deja indiferente a nadie, no siempre ha sido así. El edificio estuvo abandonado durante más de veinte años y sufrió daños diversos. Su situación empezó a mejorar a finales de los años 80 cuando un grupo de vecinos y habituales del Bar da Dona Maria (lugar tradicional de samba, situado enfrente de la mansión) empezaron una campaña con vistas a catalogar el lugar antes de transformarlo en un centro cultural dedicado a la música. La iniciativa fue un éxito y, en 1995, el palacio de Garibaldi fue inscrito en el patrimonio público municipal. Tras una larga e importante reforma, el Centro municipal de referencia de la música carioca se instaló aquí en junio de 2007. Este espacio está destinado a preservar la memoria y la producción musical de la ciudad, en sus estilos y géneros más variados

La planta baja alberga las salas destinadas a las exposiciones, talleres y conciertos de música clásica. La primera planta está reservada a la administración del edificio. Dotado de terrazas y balcones, el lugar tiene también un acogedor jardín de invierno así como magníficas puertas y ventanas decoradas con vidrieras.

Además del edificio original, la institución también tiene dos anexos que se construyeron durante la reforma: una sala de conciertos para un aforo de 161 personas, un pequeño edificio donde se encuentran las oficinas y tres salas destinadas a talleres y a clases de música. Un antiguo garaje alberga un estudio de grabación y tres talleres suplementarios.

El conjunto se completa con un bonito jardín y con un pequeño muelle al fondo del terreno: un recuerdo de la época en que el río Maracanã estaba limpio y era navegable.

EL CONOPEO DE LA BASÍLICA ❷
DE SÃO SEBASTIÃO DOS CAPUCHINHOS

Rua Haddock Lobo, 266, Tijuca
• Tel.: (21) 2204-7900, (21)2204-7904 o (21) 2204-7905
• Abierto todos los días hasta las 19 h
• Metro: Afonso Pena

El símbolo
olvidado
de las basílicas

A la derecha del altar de la basílica de São Sebastião dos Capuchinhos, la discreta sombrilla cuyo armazón de madera está recubierto de franjas de seda, rojas y amarillas alternativamente, es un conopeo cuyos colores son los del gobierno pontificio del Vaticano. Estos mismos colores provienen a su vez de la antigua Roma donde representaban al Senado romano. Antiguamente, el conopeo era

la tienda que albergaba al patriarca y a la realeza en el Antiguo Testamento. Constituye, junto al tintinábulo (también llamado 'campanilla'), uno de los emblemas reservados a las basílicas. Está semiabierto cuando está dentro de una basílica menor (como aquí) y totalmente abierto en las basílicas mayores (ver más abajo y la guía *Roma insólita y secreta* del mismo editor). Sin embargo, durante las visitas del papa, también se abre del todo en las basílicas menores.

¿QUÉ ES UNA BASÍLICA?

En el Imperio romano, la basílica era el palacio donde el rey (*basileus*) administraba justicia. Después del Edicto de Milán (313) que sacó a los cristianos de la clandestinidad y terminó con las persecuciones, el emperador Constantino mandó construir cuatro basílicas en Roma, llamadas 'mayores', que donó al papa: San Pedro en el Vaticano, donde supuestamente ocurrió el martirio de san Pedro, San Pablo Extramuros, el lugar del martirio de san Pablo, Santa María la Mayor, primera iglesia de la cristiandad dedicada a María y san Juan de Letrán, en honor al apóstol "a quien Jesús amaba" y catedral de Roma, "madre y cabeza de todas las iglesias de la ciudad y del mundo".

El resto de las basílicas, en Roma o en otros lugares en el mundo, son llamadas 'menores': se sitúan, privilegiadamente, bajo la protección de la Santa Sede y están vinculadas a una de las cuatro basílicas mayores.

Hoy, una iglesia accede al rango de basílica por decreto papal, en función de una proyección espiritual mayor y de la ejemplaridad en sus prácticas diarias.

LAS TRES RELIQUIAS MAYORES PARA RÍO DE JANEIRO DE LA BASÍLICA DE SÃO SEBASTIÃO DOS CAPUCHINHOS

La decisión del papa Francisco I del 1 de noviembre de 2015 (fecha de la última misa en la iglesia de São Sebastião do Castelo, destruida en 1922 junto con el cerro del mismo nombre, ver p. 61) de convertir la iglesia de São Sebastião dos Capuchinhos en basílica menor fue con el fin de destacar la importancia de este edificio. Conserva tres reliquias importantes de la ciudad que antaño se encontraban en la iglesia de São Sebastião do Castelo: la piedra angular de la ciudad de 1565 (a la izquierda de la nave), los restos mortales del fundador de la ciudad Estácio de Sá, fallecido en 1567 (delante del altar) y la imagen histórica (1563) de san Sebastián, santo patrono de la ciudad (ver p. 127). Cada 20 de enero (día de san Sebastián), sale en procesión hacia la Catedral Metropolitana situada en el centro de la ciudad. El resto del año, la imagen no se muestra al público.

LAS ACERAS MUSICALES DE VILA ISABEL ❸

Boulevard 28 de Setembro (de la Praça Maracanã a la Praça Barão de Drumond)
Vila Isabel
• Bus: 432, 433, 438, 439 (desde la zona sur); 222, etc. (centro)

Un barrio
musical

Las aceras musicales del barrio de Vila Isabel, inauguradas en 1964 por el gobernador Carlos Lacerda con motivo de los preparativos de la conmemoración del cuarto centenario de la ciudad, celebrado en 1965, se encuentran a ambos lados de la avenida principal, en el Boulevard 28 de Setembro. Son una auténtica oda a la música popular brasileña: se pueden ver, efectivamente, grabadas en los adoquines portugueses blancos y negros, numerosas partituras de distintas músicas populares, además de imágenes de algunos instrumentos.

El gobernador aprobó enseguida este proyecto ideado por el arquitecto Orlando Magdalena, residente en el barrio. Las partituras están separadas en hojas, para que coincidan con los bordes de las aceras, y se han intercalado dibujos de instrumentos, como la guitarra, el _cavaquinho_ (guitarra pequeña portuguesa), el piano o el _pandeiro_ (percusión). El arquitecto Hugo Ribeiro participó en los dibujos de estos instrumentos y rindió homenaje a Noel Rosa insertando sus iniciales en el de la guitarra. El autor del proyecto y el Almirante, un gran investigador de la música popular brasileña, se encargaron de seleccionar las canciones.

La sucesión de canciones, veinte en total, empieza con el himno de la ciudad, *Cidade Maravilhosa* (ciudad maravillosa), de André Filho, en la Praça Maracanã. También están presentes, entre otras, *O Abre Alas* (el Abre Alas es la carroza que abre el desfile del carnaval), de Chiquinha Gonzaga, primera canción que se compuso para el carnaval; *Pelo Telephone* (por teléfono), de Donga y Mauro de Almeida, primera samba grabada (1918); *Feitiço da Vila* (hechizo de Vila), de Noel Rosa, compositor por excelencia de Vila Isabel y figura principal de la música popular brasileña en los años 1930; *Ave Maria*, de Erotildes Campos y Jonas Neves, enfrente de la basílica de Nossa Senhora de Lourdes; *Jura* (juramento), de Sinhô y J. B. Silva, y *Carinhoso* (cariñoso), de Pixinguinha y Antônio da Rocha Viana. La última canción es *Renascer das cenizas* (renacer de las cenizas), de Martinho Vila, en la Praça Barão de Drumond. Las aceras musicales fueron declaradas patrimonio histórico, cultural y arquitectónico por el Ayuntamiento de Río de Janeiro en abril de 1999.

Hay otro homenaje a la música brasileña en Vila Isabel. Se trata de la escultura de Noel Rosa, instalada en la Praça Maracanã, a la entrada del barrio. Noel Rosa está representado sentado sobre una silla de bar, con un cigarrillo entre los dedos, atendido por un camarero. Sobre la mesa, junto a él, una botella de cerveza y un vaso, y una hoja, también de bronce, en la que figura la letra de la samba *Conversa de Botequim* (conversación de taberna). A su lado, una silla vacía invita al visitante a sentarse para hacerse una foto. La estatua esconde una curiosidad: los rasgos del camarero se inspiran en los del padre de Noel. Inaugurada el 22 de marzo de 1996, la escultura es obra de Joás Pereira Passos, oriundo del estado de Paraíba.

LA ESTATUA DE BELLINI ❹

Puerta D del Estadio Mário Filho (Maracanã)
Rua Professor Eurico Rabelo, s/n
• Metro: Maracanã

*La estatua
cuyo rostro
no tiene los rasgos
del que le dio
su nombre*

Frente a la puerta D, en el exterior del estadio del Maracanã, se alza una estatua conocida como la "estatua de Bellini", capitán de la selección brasileña de fútbol de 1958, cuando Brasil ganó su primera Copa del Mundo, en Suecia. Aunque es conocida con ese nombre, pocos saben (u observan) que el rostro de la estatua no se corresponde para nada con los rasgos de Bellini.

La mayoría de las personas que participaron en esta escultura han fallecido y es difícil aclarar este misterio. La viuda del jugador declaró, en una entrevista de 2010, que recordaba que su marido había posado para el escultor Matheus Fernandes dos veces "debido a su porte atlético y a la posición de su mano".

No obstante, algunos afirman que el rostro es el del cantante Francisco Alves, apodado el "Rey de la voz", muy popular en los años 1950. Pero la fisonomía de la estatua también ofrece un parecido con la del periodista Hamilton Sbarra. En una entrevista otorgada a un periódico de la época, este revelaba que el escultor le había pedido una foto, precisando que necesitaba "un rostro con perfil grecorromano, como el mío". Suspicaz, Sbarra respondió sin embargo a la petición.

La inscripción colocada en el pedestal de la estatua, inaugurada el 13 de noviembre de 1960, de nueve metros de altura y tres toneladas de peso, no hace referencia a Bellini. Está dedicada simplemente "A los campeones del mundo". Pero con el tiempo, la población la ha bautizado "estatua de Bellini" y así es como la llama todo el mundo.

Parece que la diferencia entre lo oficial y lo popular es lo que caracteriza al estadio, que lleva el nombre del periodista Mário Filho pero que es mundialmente conocido como el Maracanã, o Maraca para los cariocas más fervientes. Construido para la Copa del Mundo de 1950, el estadio se inauguró el 16 de junio del mismo año, con un partido amistoso entre los equipos de Río de Janeiro y de São Paulo, en el que el carioca Didi metió el primer gol. El mejor goleador del Maracanã fue Zico, gran ídolo del club de Flamengo: metió 333 goles en 435 partidos. También fue en el Maracanã donde Pelé marcó su milésimo gol. Maracanã es una palabra de origen tupí que significa "similar a un *chocalho*", el sonido que emiten los pájaros de la subcategoría de las *Psittacidae*, la "maracanã", que comprende especies como el loro, el guacamayo o el periquito. Antes de construir el estadio, muchas de estas aves habitaban el lugar.

El estadio, que antaño fue el más grande del mundo (para la final del Mundial de 1950, acogió a más de 199 000 personas, muchas de ellas de pie), sigue siendo hoy el más imponente de Brasil, con un aforo de 78 000 espectadores (todos sentados).

AFERJ   ❺

Associação de Ferromodelismo do Rio de Janeiro
Antigua estación ferroviaria Leopoldina
Rua Francisco Eugênio – Praça da Bandeira
Sala 106 – planta baja
• Abierto los sábados de 9 a 17 h aproximadamente
• Entrada gratuita
• Metro: São Cristovão

> *Modelismo ferroviario en una estación abandonada*

El circuito de modelismo ferroviario de la antigua estación de trenes Leopoldina, cerrada al tráfico de pasajeros desde 2001, es uno de los grandes secretos de Río.

Todos los sábados, de 9 a 17 h, las pesadas verjas metálicas que cierran el acceso a la estación abandonada abren para que la treintena de miembros de la AFERJ (Asociación de Modelismo Ferroviario de Río de Janeiro) pueda disfrutar de su pasión: hacer circular las locomotoras y los vagones en miniatura por un circuito con aproximadamente 300 metros de raíles, en una superficie de 55 m². La asociación, creada en 1986, tiene un pequeño taller de reparaciones para los miembros, que pagan 150 R$ de inscripción y 30 R$ al mes para poder hacer circular sus pequeños trenes.

El lugar está abierto al público y la mayoría de los miembros están encantados de compartir su pasión con los visitantes de paso.

El circuito tiene 5 pistas diferentes que no están unidas entre sí: una vez que el tren está circulando, su propietario solo puede variar la velocidad. Y, como ocurre en la vida real, la réplica del TGV circula más rápido que un tren de mercancías.

Al visitar esta estación también se pueden admirar los vestigios de la antigua estación de Barão de Mauá: vagones oxidados que siguen en los raíles, vestigios de antiguas taquillas y salas de espera… La antigua estación, inaugurada en 1926, fue proyectada por el arquitecto escocés Robert Prentice.

¿PARA CUÁNDO UNA BUENA RED FERROVIARIA EN BRASIL?

Hoy, la red ferroviaria brasileña para el transporte de pasajeros, que se desarrolló principalmente en función de la economía del café, es casi inexistente: solo existe el tramo Belo Horizonte – Vitoria, que está lejos de ser el trayecto más necesario para Brasil. En un país donde los atascos suelen ser apocalípticos en las salidas de las grandes ciudades, esta falta de trenes, necesarios aunque sea para comunicar las principales ciudades entre sí, es un verdadero escándalo. Es la calidad de vida lo que está en juego. Y es urgente para el país.

BARRIO SANTA GENOVEVA

Rua São Cristóvão, 446
• Visita solo previa invitación de un residente (pedirlo amablemente en la entrada del barrio) o durante las misas (muy irregulares)
• Metro: São Cristóvão

> **Un pequeño Montmartre en Río**

A la altura del nº 446 de la Rua São Cristóvão, un bonito portal lleva la inscripción "Bairro Santa Genoveva". Si tiene la suerte de cruzarse con un residente delante del portal, y que este acepte "invitarle" a visitar su pequeño barrio privado, tendrá el privilegio de pasear por un conjunto de un centenar de casas pequeñas construidas para el vizconde de Morais. Líder de la colonia portuguesa en Brasil, José Eurico Pereira de Moraes creó, en 1971, este centro obrero en este pequeño cerro a dos pasos de la columna persa situada enfrente del museo militar Conde de Linhares (ver p. 283).

Aunque el barrio es conocido como el pequeño Montmartre, en realidad es más bien un pequeño "Santa Genoveva": en París, la colina de Santa Genoveva es, como aquí, de un tamaño mucho más modesto que la de Montmartre.

Pero es en lo alto del cerro donde se encuentra el lugar más encantador:

una pequeña plaza y un bonito árbol dan a una iglesia que abre el último sábado de mes. La iglesia se construyó como pago de una promesa hecha por el vizconde a la patrona de París (santa Genoveva) por la salud de su esposa. La iglesia es una copia en miniatura de la basílica del Sagrado Corazón de Montmartre en París.

Todas las calles del barrio (Rua Savero, Rua Geronia, Praça Nanterre, Rua Lutecia, etc.) hacen referencia a santa Genoveva: nacida en Nanterre (Francia) en 423, santa Genoveva era la hija única de Severo, un franco probablemente romanizado, y de Geroncia, una mujer de origen griego. Lutecia era el nombre de París en la época en que santa Genoveva vivía ahí.

COLUMNA DE PERSÉPOLIS ❼

Praça Pedro II
São Cristóvão
• Metro: São Cristóvão

*La columna
olvidada
de Persépolis*

L a columna de la Praça Pedro II, al final de la Rua São Cristóvão, frente a la entrada del museo militar Conde de Linhares, pasa a menudo desapercibida. De nueve metros de altura, la columna es un regalo del presidente iraní Mahmoud Ahmadinejad con motivo de la conferencia sobre el clima que se celebró en Río en 2012. La columna es una reproducción de una columna de la ciudad de Persépolis (patrimonio mundial de la Unesco), que fue una de las capitales del Imperio persa aqueménida. Su construcción se inició con el rey persa Darío, mucho antes de la era musulmana, en 518 a. C. En la cima de la columna se ven dos cabezas de toro mirando a lados opuestos: en la tradición persa, este animal es una imagen de fuerza y de poder, de protección y de defensa y una personificación de la autoridad real. Es una copia de una de las columnas que siguen existiendo en Persépolis: estas columnas formaban parte del **Salón del Trono** (*Apadana*). A los pies de la columna, dos bajorrelieves muestran un león devorando a un toro. En la tradición persa, esta escena simboliza el año nuevo (Norouz, entre el 20 y el 22 de marzo, en el equinoccio de primavera), época en la que, en el cielo, la constelación de Leo está en el cénit, mientras que la de Tauro desaparece en el sur. Norouz marca el inicio de la actividad agrícola después del invierno. Por último, una inscripción en varios idiomas recuerda un diálogo entre el rey Darío y Ahura Mazda, la divinidad de la religión zoroástrica que predominaba en Persia antes del advenimiento del Islam. Esta religión sigue presente en Irán así como en ciertas zonas de la India. Cabe señalar en este diálogo, que recuerda los beneficios de un comportamiento virtuoso, un error de traducción en portugués: "desejo que, se ele fizer o mal, que ele nao seja punido" ("deseo que, si hace el mal, no sea castigado"). Hay que leerlo al revés. La versión inglesa es correcta.

PUERTA DE ENTRADA DEL ZOO DE RÍO ⑧

Parque da Quinta Boa Vista, s/n
São Cristóvão
• Metro: São Cristóvão

El regalo de piedra artificial de un duque inglés

Uno no se suele fijar en la puerta de entrada del zoo de Río. Sin embargo es la única de toda Sudamérica realizada en piedra de Coade, una piedra artificial de origen inglés (ver página anexa). Esta puerta de entrada es el regalo de bodas del general Hugh Percy, 2º duque de Northumberland, a D. Pedro I y a la futura emperatriz, María Leopoldina de Austria (1817). John Johnston, el arquitecto que se encargó en aquella época de la reforma del palacio de São Cristóvão, colocó la puerta en la entrada de lo que iba a convertirse en el palacio imperial, como puede verse en el grabado (ver imagen inferior). Allí permaneció hasta al menos los años 1860 antes de ser trasladada al zoo. Esta puerta es la copia de una puerta diseñada por el arquitecto Robert Adam, que adorna la Syon House, residencia del duque de Northumberland, cerca de Londres.

> Para más información sobre el antiguo emplazamiento de la puerta de São Cristóvão y sobre la puerta de la Syon House, ver siguiente página doble.

EL MISTERIO DE LA PIEDRA DE COADE

Desconocida fuera de Gran Bretaña, la piedra de Coade (Lithodipyra), que debe su nombre a la británica Eleanor Coade Junior (1733-1821), es una cerámica que parece piedra, de ahí su nombre 'piedra artificial'.

Su éxito viene de que, en aquella época, Londres fue objeto de un importantísimo desarrollo inmobiliario. Al construirse la mayoría de los edificios en ladrillo, los arquitectos recurrieron con frecuencia a la piedra de Coade para adornar las fachadas.

La piedra de Coade, una especie de cerámica semejante al gres que se usa a menudo en alfarería, tiene la particularidad de ser moldeada fácilmente, por lo que era un material ideal para fabricar ornamentos, incluyendo fachadas enteras, y estatuas: los moldes podían utilizarse varias veces, lo que reducía bastante el coste de fabricación a partir del segundo ejemplar.

Otra ventaja importante es que la piedra de Coade es extremadamente resistente a las inclemencias del tiempo y a la atmósfera corrosiva de las ciudades: aún quedan esculturas que, tras más de 200 años, siguen sin mostrar signos aparentes de desgaste o deterioro.

Eleanor Coade era a la vez una brillante mujer de negocios y una excelente escultora. No solo dirigió una de las empresas más prósperas del siglo XVIII, sino que además realizó numerosas esculturas originales que se usaron para fabricar los moldes.

Durante mucho tiempo se creyó que Eleanor se había llevado a la tumba la fórmula de su piedra, pero unos alfareros lograron dar con ella hace unos años. En la actualidad habría unas 650 esculturas de piedra de Coade en el mundo entero. La inmensa mayoría está en Gran Bretaña. Algunas en EE.UU. y otras en Canadá. El único ejemplar de piedra de Coade que hay en Sudamérica está en Río.

ANTIGUO EMPLAZAMIENTO DE LA PUERTA DE SÃO CRISTÓVÃO

PUERTA DE LA SYON HOUSE (REINO UNIDO)

MUSEO DE LA SAMBA   9

Avenida Visconde de Niterói, 1296
Mangueira
• Abierto de lunes a viernes de 10 a 17 h
• Entrada: 10 R$ (estudiantes, 2 R$)
• Visitas previa reserva llamando al (21) 3234-5777
• www.museudosamba.org.br
• Bus: 402, 665

Todo sobre
la samba

A los pies del barrio de Mangueira, cuna de una de las escuelas de samba más tradicionales de la ciudad, la Estação Primeira de Mangueira, el Museo de la Samba ocupa un hangar que estuvo abandonado hasta 2003, año en el que fue cedido al museo, que lo reformó.

La visita, guiada por un investigador del museo, presenta las exposiciones y evoca los aspectos menos conocidos de la samba y de sus principales figuras. Para aquellos que quieren profundizar sus conocimientos, se recomienda que elijan la "Vivência do Samba" (Vivir la samba), un programa que incluye la visita guiada, un taller de samba con músicos y bailarines de samba así como la posibilidad de probarse los trajes de carnaval y de comer una *feijoada*, cocinada por una vecina de Mangueira.

El museo organiza exposiciones permanentes, como "Samba, patrimonio cultural de Brasil", que muestra la historia de la samba y rinde homenaje a sus protagonistas. Además de los textos explicativos (en portugués) y de las fotos, también exhibe trajes donados por *sambistas*. Asimismo propone exposiciones como "Simplesmente Cartola" (Simplemente Cartola), sobre la vida de Angenor de Oliveira, el famoso Cartola, uno de los fundadores de la escuela de samba en 1928, y de Dona Zica de Mangueira e do Brasil, esposa de Cartola, pero también, y sobre todo, una importante líder femenina de la escuela de samba y del barrio de Mangueira.

Mientras descubre las exposiciones y conversa con el investigador-guía, el visitante también descubre, por ejemplo, que los colores de Mangueira no son verdes y rosas porque Cartola era hincha del Club de Fluminense, como muchos piensan, sino porque eran los colores de su grupo de danza de carnaval de cuando era niño, "Arrepiados", de Laranjeiras.

En la misma línea, el museo desvela muchos otros detalles sobre la samba y las escuelas de samba. Además de las exposiciones, el museo alberga una colección de más de cien testimonios de *sambistas* y de investigadores y ofrece cursos y talleres, además de las *rodas de samba* (conciertos de samba), celebradas el segundo viernes de cada mes en un gran espacio cubierto de grafitis, que reproduce el ambiente de una favela.

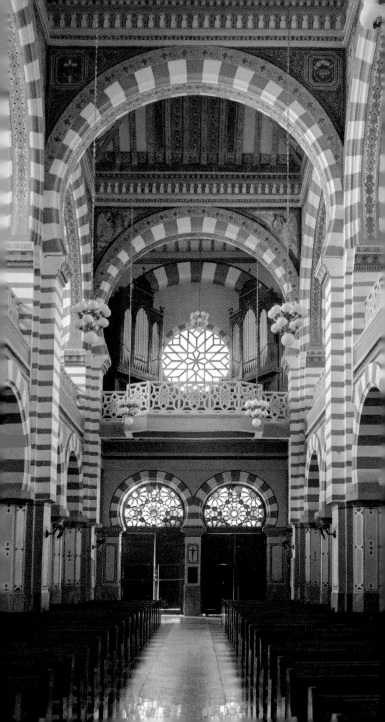

BASÍLICA MENOR DEL INMACULADO CORAZÓN DE MARÍA

Rua Coração de Maria, 66, Méier
- Tel.: (21) 2501-3553
- Abierto de lunes a viernes de 6.30 a 11 h y de 18.30 a 20 h. Sábados y domingos de 6.30 a 20 h
- Tren: Estación de Méier
- Todos los segundos sábados de mes, a las 14 h, se celebra un rito tridentino (una misa en latín, en la que el cura se sitúa frente al Santo Sacramento y da la espalda a los fieles), en el altar dedicado al Sagrado Corazón

> *La única iglesia neomorisca de la ciudad*

A cinco minutos andando de la estación de Méier, la espectacular basílica menor del Inmaculado Corazón de María es la única iglesia católica neomorisca de Río y una de las pocas del país. Situada en pleno norte de la ciudad, merece francamente un desvío.

Religiosos de la Congregación de los Misioneros Hijos del Inmaculado Corazón de María construyeron la iglesia entre 1909 y 1917 pero no terminaron la torre hasta 1924. El proyecto está firmado por el arquitecto español Adolfo Morales de los Ríos, responsable del diseño de edificios que han marcado la historia de la ciudad, como el Museo Nacional de Bellas Artes, construido a principios del siglo XX.

Detrás de las dos puertas de madera de rosa cincelada, el interior de la basílica, impresionante, es de un estilo típicamente neo morisco: mosaicos de colores, azulejos decorando los muros, profusión de detalles geométricos, colores y forma de los dibujos de las vidrieras que recuerdan a una rosa, etc.

Con un aforo de 900 personas sentadas, la basílica de Méier está muy solicitada para los casamientos, dada su gran belleza. Declarada patrimonio por el Ayuntamiento en 2009, forma parte de la serie de tarjetas postales de la colección *Ojos Para Ver* (*Olhos de ver*), publicada en 2012 por el Instituto Río patrimonio de la humanidad.

UNA DE LAS CUATRO BASÍLICAS MENORES CATÓLICAS DE RÍO DE JANEIRO

La basílica de Méier es una de las cuatro basílicas menores de Río de Janeiro. Los otras tres son la de la Inmaculada Concepción (Botofago), la de Nuestra Señora de Lourdes (Vila Isabel) y la de Santa Teresa del Niño Jesús (Tijuca).

El papa otorga esta calificación a las iglesias que destacan como lugar de peregrinación y por su dedicación litúrgica, su importancia histórica y su belleza arquitectónica y artística. El papa Juan XXIII concedió el título de basílica menor a esta iglesia en 1964.

EL HEXAGRAMA, ¿UN SÍMBOLO MÁGICO?

El hexagrama, también conocido como Estrella de David o Escudo de David (*Magen David*), está formado por dos triángulos equiláteros entrelazados (uno apunta hacia arriba y el otro hacia abajo) que simbolizan la naturaleza espiritual y la naturaleza humana del hombre. Sus seis puntas corresponden a las seis direcciones en el espacio (norte, sur, este, oeste, cénit y nadir) y muestran el movimiento universal completo de los seis días de la Creación; el séptimo día, el Creador reposó. En este contexto, el hexagrama se ha convertido en el símbolo del macrocosmos (seis ángulos de 60 grados forman 360 grados) y de la unión del hombre con su Creador. Aunque está presente en la sinagoga de Cafarnaún (siglo III a. C.), el hexagrama no aparece en la literatura rabínica hasta el año 1148, precisamente en el libro *Eshkol ha-Kofer* del sabio caraíta* Judah ben Elijah. El capítulo 242 le da un carácter místico y protector, y suele estar grabado en los amuletos: "Siete nombres de ángeles preceden la mezuzá... Lo eterno te protegerá y este símbolo llamado 'El Escudo de David' está emplazado al lado del nombre de cada ángel".

En el transcurso del siglo XIII, el hexagrama se convirtió también en el atributo de uno de los siete nombres mágicos de Metatrón, el ángel de la presencia asociado al arcángel san Miguel, el jefe de las milicias celestes y el más cercano al Dios Padre.

Sin embargo, la identificación del judaísmo con la Estrella de David comenzó en la Edad Media. En 1354, el rey Carlos IV (Karel IV) concedió a la comunidad judía de Praga el privilegio de tener su propia bandera. Los judíos confeccionaron entonces un hexagrama en oro sobre fondo rojo al que llamaron la *bandera del rey David*, y que se convirtió en el símbolo oficial de las sinagogas de la comunidad judía en general. En el siglo XIX, este símbolo se difundió por todas partes.

La mística judía sostenía que el origen del hexagrama estaba directamente relacionado con las flores con forma de lirio de seis pétalos que adornan la menorah**. Para quienes creían en este origen, el hexagrama había sido creado por las manos del Dios de Israel, ya que el lirio de seis pétalos, cuya forma recuerda a la Estrella de David, es identificado con el pueblo de Israel en el *Cantar de los cantares*.

Aparte de su función protectora, el hexagrama poseería también un poder mágico: esta fama le viene de la célebre *Clavícula de Salomón*, un grimorio atribuido al rey Salomón pero cuyo origen se remonta, aparentemente, a la Edad Media. Este libro de fórmulas mágicas de autor anónimo proviene probablemente de una de las numerosas escuelas judaicas de estudios cabalísticos que existían entonces en Europa, ya que el texto está claramente inspirado de las enseñanzas del Talmud y de la Cábala judía. Esta obra contiene una selección de 36 pentáculos (símbolos cargados de significado mágico o esotérico) destinados a crear una comunicación entre el mundo físico y los planos del alma.

Existen varias versiones de este texto, en varios idiomas, y el contenido varía de una a otra, pero la mayoría de los textos originales que aún existen datan de los siglos XVI y XVII, aunque existe también una traducción griega del siglo XV. En el Tíbet y en la India, las religiones budistas e hinduistas utilizan también este símbolo universal del hexagrama, que consideran como el símbolo del Creador y de la Creación, y que los brahmanes consideran el emblema del dios Vishnu. Al principio, los colores de los dos triángulos entrelazados eran el verde (triángulo superior) y el rojo (triángulo inferior), pero luego fueron sustituidos por el blanco que representa la materia y el negro, el espíritu.

Para los hinduistas, el triángulo superior del hexagrama simboliza a Shiva, Vishnu y Brahma (Espíritu Santo, el Hijo y el Padre). Cabe destacar que el Hijo (o Vishnu) ocupa siempre la posición central: es el intercesor entre lo divino y lo terrestre.

También aparece con frecuencia en las vidrieras y frontones de las iglesias cristianas, como una referencia simbólica al alma universal que, en este caso, está representada por Cristo, o a veces, por el binomio Cristo (triángulo superior) – María (triángulo inferior). El resultado de la unión de ambos es el Padre Eterno Todopoderoso. El hexagrama también suele aparecer con forma de estrella de seis puntas y de roseta de seis pétalos.

* Qaraim o bené mikrá: "Seguidores de las Escrituras". El caraísmo es una ramificación del judaísmo que defiende la autoridad única de las escrituras hebraicas como fuente de revelación divina.
** Menorah: candelabro dorado de siete brazos que representan a los siete espíritus ante el trono: Miguel, Gabriel, Rafael, Samael, Zadkiel, Anael y Cassiel.

MUSEU DE IMAGENS DO INCONSCIENTE

Instituto Municipal Nise da Silveira
R. Ramiro Magalhães, 521 - Engenho de Dentro
• Abierto de lunes a viernes de 9 a 16.30 h
• Tel.: (21) 3111 7471

Un lugar imprescindible para quien ama el arte marginal y las investigaciones sobre el inconsciente

Fundado en 1952 por la psiquiatra Nise da Silveira (1905-1999), el museo de las Imágenes del Inconsciente (Museu de Imagens do Inconsciente) tuvo como objetivo preservar el trabajo artístico producido en los talleres de terapia ocupacional (ver más abajo) que había creado.

Es difícil resumir la vida de esta excepcional mujer a quien Roberto Berliner dedicó una película, *Nise, coração da Loucura* (*Nise, el corazón de la locura*). A Nise da Silveira, única mujer entre 157 hombres en la Universidad de Bahía, acusada de comunismo durante los años de la dictadura de Vargas cuando vino a trabajar a Río de Janeiro, la encarcelaron y le prohibieron trabajar durante 8 años. De temperamento rebelde, y habiendo rechazado nuevos tratamientos psiquiátricos como el electroshock y la lobotomía, abrió en 1946, en el centro psiquiátrico Pedro II, un servicio de terapia ocupacional donde se crearon talleres de pintura y de modelaje (el paciente "ocupa" un espacio donde trabaja). Facilitaban a los internos, mayoritariamente esquizofrénicos crónicos, a los que ella llamaba sus "clientes", una nueva forma de expresión y de tratamiento psiquiátrico. Y esto es lo que se puede visitar hoy. En conflicto abierto con sus colegas, recibió no obstante el apoyo y el reconocimiento de grandes personalidades como el célebre psiquiatra suizo Carl Gustav Jung o el gran crítico de arte brasileño Mario Pedrosa. Mario Pedrosa se convenció enseguida de la calidad artística de algunos "clientes" de Nise. Escribió textos de referencia sobre lo que él llamó un "arte virgen", un concepto similar a las ideas del artista francés Jean Dubuffet que inventó el término *art brut* (arte marginal) para designar las creaciones de personas sin cultura artística. Pedrosa quiso incluso importar las obras al Museo de Arte Moderno de Río, pero se topó con la fuerte oposición de Nise quien deseaba mantener las obras en "su" museo, cerca de los talleres donde se crearon.

Hoy el museo posee unas 350 000 obras reunidas durante más de 60 años de existencia; algunas se han exhibido en más de 100 exposiciones por el mundo entero. Los talleres de terapia ocupacional siguen existiendo y algunos de sus "clientes" exponen sus obras junto a otros cuyo talento ha sido internacionalmente reconocido. No hay que perderse estos: Emygdio de Barros, Adelina Gomes, Isaac Liberato, Carlos Perthuis, Fernando Diniz... entre otros.

MUSEO DE LA VIDA

Fundación Oswaldo Cruz (Fiocruz)
Avenida Brasil, 4365
Manguinhos – Río de Janeiro
• Tel.: (21) 2598-4242
• portal.fiocruz.br
• Visitas de martes a viernes de 9 a 16.30 h previa reserva llamando al (21) 2590-6747. Los guías hablan portugués. Sábados de 10 a 16 h, no es necesario reservar • Entrada gratuita
• Se aconseja ir en taxi

La ciencia es vida

U bicado en el campus de la fundación científica Oswaldo Cruz (Fiocruz), con 35 000 metros cuadrados de espacios verdes, edificios históricos e instalaciones dedicadas a la investigación, el Museo de la Vida ofrece múltiples actividades originales relacionadas con el cuerpo humano. El museo se inauguró el 25 de mayo de 1999.

También tiene un pequeño mariposario donde viven cuatro especies procedentes del continente americano. Durante la visita, los guías presentan la vida de las mariposas, cuentan al detalle su ciclo de vida, sus costumbres alimentarias, el secreto que se esconde detrás de sus variados colores y sus estrategias de supervivencia. A veces las mariposas se posan sobre los visitantes.

El museo ofrece muchos juegos y experiencias sobre las vidas micro y macroscópicas así como sobre la percepción de la luz y del sonido. En la cámara oscura del espacio conocido como La Pirámide, se puede descubrir un modelo gigante del ojo humano y aprender, también orientados por los guías, cómo se forman las imágenes en nuestros ojos. Aquí, niños y adultos pueden también observar en el microscopio, en "el taller del micro mundo", insectos y tejidos del cuerpo humano. También se puede realizar la interesantísima experiencia de crear, con material hecho a mano, modelos de células que a

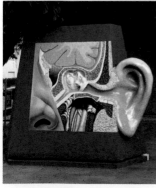

veces, en ciertos momentos, podrá llevarse a casa.

Los visitantes (a partir de los 9 años de edad) también pueden familiarizarse, a través de las experiencias y de los juegos interactivos, con el papel que desempeña la física en la explicación de algunos fenómenos: ¿cómo nos engaña la vista y nos hace percibir un movimiento en vez de una imagen que, sin embargo, es estática? ¿Cómo es posible ver colores donde antes solo se veían el blanco y el negro?

VISITA GUIADA DEL PABELLÓN MORISCO DE LA FUNDACIÓN OSWALDO CRUZ ⓭

Fundación Oswaldo Cruz (Fiocruz)
Avenida Brasil, 4365
• Tel.: (21) 2598-4242
• portal.fiocruz.br
• Visitas de martes a viernes de 9 a 16.30 h previa reserva llamando al (21) 2590-6747. Los guías solo hablan portugués. Sábados de 10 a 16 h, no es necesario reservar • Entrada gratuita
• Se aconseja ir en taxi

Una visita fascinante

De camino al aeropuerto internacional de Galeão hacia la Zona Sul, a unos 5-10 minutos en coche del aeropuerto, se ve, a la derecha, un imponente edificio que destaca en el horizonte: el magnífico "pabellón morisco" es la sede de la Fundación Oswaldo Cruz. Erigido entre 1905 y 1918, forma parte del patrimonio nacional y, contrariamente a lo que se suele creer, se puede visitar.

Diseñado por el médico Oswaldo Cruz (1872-1917), el edificio es uno de los escasos ejemplares de estilo neomorisco de Brasil.

Este fascinante edificio es una armoniosa combinación de materiales procedentes de varios países: los ladrillos, los mosaicos y el estuco son franceses, el mármol es italiano, los azulejos son portugueses, las luminarias,

alemanas; el hierro forjado, en particular el de la preciosa escalera que une las plantas del edificio, es inglés, las vidrieras son belgas y la madera, brasileña. El ascensor, instalado en 1909, es el más antiguo de Río en activo.

Los cuartos de baño de todas las plantas están en una misma torre, integrada en el pabellón pero sin formar parte del cuerpo del edificio, para evitar una posible contaminación.

El pabellón encierra misterios que alimentan la imaginación de aquellos que trabajan ahí o que lo visitan. Se habla de ruidos de pasos o de ruidos extraños, durante la noche, cuando ya no queda nadie; portazos, incluso cuando las puertas están cerradas; y del libro que alguien buscaba y que le saltó a la cara, como por arte de magia. Sin hablar de la historia del guarda nocturno que, al alba, durante una ronda, fue a la biblioteca de la tercera planta y se encontró con un hombre vestido de blanco, sentado. Su miedo al verlo fue tal que se cayó antes de huir corriendo.

Toda la zona de alrededor era un enorme pantano (hoy desecado), razón por la que llaman a este barrio *manguinhos*, que se puede traducir como 'pequeño pantano'.

LA PLANTA OCULTA

Visto desde fuera, el edificio parece tener cuatro plantas. En realidad tiene cinco: antes de la última planta, hay una, sin ventanas (se construyó para servir de laboratorio fotográfico), razón por la que no se puede ver desde fuera. El fotógrafo J. Pinto la ocupó, de 1903 a 1946, para grabar las actividades de producción de antídotos y vacunas y para trabajar en investigación y enseñanza.

EL PRECIOSO SALÓN DE LECTURA DE LA BIBLIOTECA DE OBRAS RARAS

En la tercera planta del edificio, la sección de obras raras de la biblioteca es un espacio magnífico, en perfecto estado de conservación, con muebles de madera de imbuia marrón oscuro y lámparas de hierro forjado y bronce, con accesorios de opalina lila, de fabricación alemana. El parqué forma figuras geométricas en distintos tonos de madera y, en la pared y en el techo, destacan bonitos adornos de yeso blanco. La colección comprende obras del siglo XVII, como el primer tratado de historia natural de Brasil, obra de Willem Piso y Georg Marggraf, *Historia Naturalis Brasilae*, de 1648. El salón de lectura está abierto a las visitas, pero la consulta de libros está reservada a los investigadores.

EL TREN DE LA SAMBA

Todos los años, el primer sábado de diciembre, a partir de las 18.04 h
Estación Central de Brasil, hasta Oswaldo Cruz
• www.tremdosamba.com.br
• Entrada gratuita

Una felicidad contagiosa

Inaugurado en 1996, el fantástico Tren de la Samba es una creación del cantante y compositor Marquinhos, del barrio de Oswaldo Cruz, destinada a conmemorar el Día Nacional de la Samba y a recuperar el prestigio de este género musical tradicional. Estos trenes funcionan una vez al año, el primer sábado de diciembre por la tarde, para marcar el Día Nacional de la Samba celebrada el día 2 del mismo mes.

En un ambiente de felicidad contagiosa, ese día de fiesta empieza por la tarde en la Estación Central de Brasil con un gran espectáculo gratuito. En el trayecto hasta el barrio de Oswaldo Cruz (treinta minutos en tren), hay un grupo de samba en cada vagón.

Al llegar a destino, los músicos actúan gratis en el escenario o durante los espectáculos de *rodas de samba*, más informales, en los bares o en las esquinas de las calles de este barrio considerado como el centro de la samba tradicional carioca.

UN TREN INSPIRADO EN LA FIESTA DE LA MÚSICA DE PARÍS
Los conciertos de Oswaldo Cruz empezaron a celebrarse después de la segunda edición de El Tren de la Samba, cuando Marquinhos supo de la existencia de la Fiesta de la Música, que se celebra en Francia el 21 de junio, y consideró que nada mejor que unos músicos de samba para celebrar la llegada del tren a su destino.

¿POR QUÉ LAS 18.04 H?
El primer Tren de la Samba, con Marquinhos y unos representantes de la vieja guardia de las escuelas de samba tradicionales de Río, sale siempre a las 18.04 h para recordar que en los años 1930 Paulo da Portela cogía precisamente este tren todos los días para volver a casa. Durante el trayecto, Paulo y sus amigos cantaban y jugaban, aprovechando que no había represión policial, en una época en que la samba estaba prohibida. Después del tren de las 18.04 h, salen cuatro trenes más de la Estación Central, cada veinte minutos.

Paulo Benjamin de Oliveira, el verdadero nombre de Paulo da Portela (1901-1949), cantante y compositor, fue uno de los fundadores de la escuela de samba de Portela –su nombre y el de la escuela provienen de la carretera de Portela, situada cerca–. Paulo, figura indiscutible de la cultura brasileña, luchó mucho por cambiar las ideas preconcebidas que dañaban a los músicos de samba y los describían como unos gamberros y unos vagabundos, y no como unos artistas respetados. Es por ello que insistió para que, por ejemplo, los habitantes de Portela vistiesen los colores de la escuela el día del desfile.

MONTE DE LA ESCALERA DE JACOB

Av. Mons Felix, 512, Irajá
- Abierto todos los días las 24 horas
- Misa los lunes a las 9 h
- Metro: Irajá

> *¿Un lugar con una fuerte energía espiritual?*

En el corazón de la Zona Norte, a unos minutos andando del metro Irajá, el monte de la Escalera de Jacob (Monte Escada de Jacó), en referencia al capítulo del Antiguo Testamento de la Biblia, es uno de los lugares más sorprendentes de Río.

Hasta 2010, era un lugar de prostitución y un lugar (llamado "microondas") donde los traficantes de las favelas de alrededor venían a "liquidar" a aquellos que les estorbaban en sus actividades.

Todo cambió el 15 de mayo de 2010, cuando Dios se apareció en sueños al padre Marcelo Flores, de la iglesia evangélica Assembleia de Deus, ordenándole que transformase esta colina en un lugar de espiritualidad. A raíz de su sueño, Marcelo abrió la Biblia justo en el pasaje de la escalera de Jacob (ver más abajo), con cuyo nombre bautizó el monte.

Con la ayuda de algunos amigos, Marcelo, que vive al lado, limpió el lugar, propiedad del ejército, y empezó a pintar las piedras de blanco, escribiendo en ellas algunos pasajes de la Biblia.

Ahora es uno de los lugares de oración y recogimiento más frecuentados de Río de Janeiro. Dependiendo del momento del día (hay más gente los lunes por la mañana, los viernes y sábados por la tarde-noche y los domingos por la tarde), habrá personas rezando solas o en grupo, arrodilladas frente a la ciudad, leyendo tranquilamente la Biblia, u otras, más activas, conversando con otros fieles.

Aunque, por lo general, suelen venir evangelistas, los otros cristianos también son bienvenidos.

EL EPISODIO BÍBLICO DE LA ESCALERA DE JACOB

El sueño de Jacob es un episodio del libro del Génesis (28:11-19) que empieza así: "Y salió Jacob de Beerseba, y fue para Harán. Y llegó a cierto lugar y pasó la noche allí, porque el sol se había puesto; tomó una de las piedras del lugar, la puso de cabecera y se acostó en aquel lugar. Tuvo un sueño y vio que había una escalera apoyada en la tierra, cuyo extremo superior alcanzaba hasta el cielo. Por ella, los ángeles de Dios subían y bajaban".

GALPÃO BELA MARÉ ⑯

Rua Bitencourt Sampaio, 169 - Maré
- Entre las pasarelas 9 y 10 de la Avenida Brasil
- Abierto de martes a viernes de 10 a 17 h. Sábados de 11 a 17 h
- Entrada gratuita
- Tel.: (21) 3105-4599 o (21) 3105 1148 • www.travessias.org.br

Arte contemporáneo en la favela de Maré

Muchas favelas cariocas gestionan proyectos culturales que valorizan y realzan la educación y la creatividad de sus habitantes. La calidad e inventiva de dichos proyectos hace que a veces se incluyan en el recorrido cultural de la ciudad y merezcan una visita. Es el caso de Maré, una favela cercana al aeropuerto internacional donde hoy varios depósitos grandes y antiguos se dedican a las actividades artísticas. El primero acoge proyectos de la gran coreógrafa Lia Rodrigues; otro, el proyecto Travessias (travesías), dedicado a las artes visuales.

Este último es una iniciativa de la historiadora, editora y productora Luiza Mello y de Jorge Barbosa, uno de los directores del "observatorio de favelas" (www.observatoriodefavelas.org.br). Este ambicioso organismo de investigación de la sociedad civil cuya sede está en la Maré desde 2001 trabaja en política urbana, educación, cultura y derechos del hombre. Las intervenciones en los lugares populares son fundamentales. El proyecto Travessias cuya primera edición se celebró en 2011 invita a críticos de arte y/o a artistas plásticos de renombre a concebir exposiciones con y sobre los habitantes de la favela de la Maré.

Las residencias de artistas permiten un trabajo "antropológico" participativo entre los creadores y los habitantes que también se unen cada vez a las acciones educativas y a los debates que conforman el proyecto.

El precioso *galpão* (depósito) Bela Maré pone a disposición del público una biblioteca de libros de arte. El arquitecto Pedro Evora completa también desde hace varios años una gran maqueta sobre la Maré que se puede ver en la primera planta. Para los aficionados al arte, algunos de los artistas que se han implicado desde el principio en esta bonita aventura son: Ernesto Neto, Vik Muniz, Daniel Senise, Regina Silveira, Carlos Vergara...

MUSEO DE MARÉ

Rua Guilherme Maxwell, 26, Maré
- Tel.: (21) 3868-6748
- Museudamare.org.br
- Abierto de martes a sábado de 9 a 18 h. Visitas guiadas previa reserva
- Contribución recomendada: 6 R$
- Bus: 378, 393, 397 (desde la zona sur o el centro, tomar el bus en la Estación Central y salir a la pasarela 7, a la Avenida Brasil, y luego caminar unos 700 metros hasta el museo)

> **El primer museo dentro de una favela**

El museo de Maré, ubicado en un hangar industrial que se usaba para reparar piezas de barcos, no es muy grande – unos 600 m^2–, pero es muy importante para la población de las dieciséis comunidades que forman el complejo de favelas de Maré. Inaugurado en mayo de 2006, el museo es la continuidad de un proyecto comunitario iniciado en 1989 para documentar imágenes y testimonios de los habitantes.

Ya desde la entrada, un cartel define la naturaleza del museo al visitante: "No se trata de un lugar para guardar objetos o rendir culto al pasado. Es un lugar de vida […] donde el pasado, el presente y el futuro viven en armonía". El cartel está pintado de un color que recuerda a la arcilla, para destacar que los primeros habitantes de la favela eran inmigrantes pobres, procedentes de zonas rurales, principalmente del nordeste, que vinieron a Río de Janeiro en busca de una vida mejor, pero que solo lograron instalarse en barrios degradados o en zonas inundables cercanas a la bahía de Guanabara.

Pasado el cartel, se encuentra, en un amplio espacio, la réplica de un palafito (una casa de madera sobre estacas), indispensable para vivir en las zonas inundadas de Maré. Los objetos y muebles de esta construcción lacustre fueron donados por los habitantes, que los usaban en sus casas. También hay ropa tendida, como si se estuviese secando al sol y, a través de las ventanas del palafito, se puede descubrir, gracias a imágenes de archivos, el paisaje de la favela tal como era antes de las obras de urbanización de los años 80, cuando quitaron los palafitos.

El museo se estructura en doce módulos (agua, casa, inmigración, resistencia, trabajo, fiesta, mercado, fe, vida cotidiana, niño, miedo y futuro) representados por una instalación que incluye, por ejemplo, herramientas, fotos, juguetes u objetos cotidianos, donados o fabricados por miembros de la comunidad. Las instalaciones cuentan la historia de la favela y de sus habitantes, sus luchas y sus aspiraciones.

Además de la exposición permanente, el museo posee archivos dedicados a la investigación y a la divulgación de la historia local, una biblioteca y un proyecto de producción y de venta de artesanías. Los guías son jóvenes residentes de Maré, formados en colaboración con universidades.

LA IGLESIA DE BOM JESUS DA COLUNA

Ciudad Universitaria – Isla de Fundão, s/n
- Te.: (21) 2519-5352
- Acceso en coche o en taxi
- Misa dominical a las 10 h
- Entrada gratuita

*Una joya
colonial
olvidada*

Edificada en 1705, como lo señala la inscripción que figura en la puerta del pasillo del claustro, la iglesia de Bom Jesus da Colina, declarada patrimonio nacional, es una auténtica joya colonial. Fue construida por los franciscanos para formar parte de un convento. La iglesia está dentro de una zona militar bucólica (se accede pasando un control militar donde hay que presentar un documento de identidad), que ofrece unas preciosas vistas de la bahía de Guanabara.

Como otros pocos edificios en Río (el monasterio de São Bento y Lapa dos Mercadores), la iglesia tiene un atrio, en perspectiva, en la entrada. Entre el campanario y la sacristía, en el lateral derecho, el pasillo del claustro (único vestigio del convento) existe aún, con dos plantas coronadas por arcadas.

Dentro, la iglesia se caracteriza por la sencillez de sus muros lisos, aunque el altar principal y los altares laterales son de estilo rococó tardío. Frente a la capilla, se encuentra la estela ricamente decorada de Antônio Teles de Menezes y de sus descendientes, antiguos propietarios del terreno donado a los franciscanos (se trata de la misma familia que la del Arco de Teles, en la actual Praça XV).

En la cripta, frente al osario de la familia Teles de Menezes, hay un pasadizo secreto por el que los religiosos, en caso de ser atacados por barcos enemigos, podían escapar por la parte trasera de la isla, protegidos por las formaciones rocosas. Era una salida de socorro que llevaba a la cala de la bahía. Las embarcaciones de los enemigos podían verse con facilidad desde la iglesia, que gozaba de unas amplias vistas sobre la bahía de Guanabara.

En esta iglesia se celebraba la fiesta de san Francisco de Asís, razón por la que Juan VI de Portugal frecuentaba mucho este lugar cuando vivía en Brasil. Tras la independencia, la isla fue cedida al gobierno y las dependencias del convento se usaron como lazareto, como albergue para inmigrantes y como cuartel. Por último, en 1868 se construyó, más cerca del mar, el Asilo para Inválidos de la Patria, creado para los inválidos de la guerra de Paraguay, hoy abandonado. La iglesia tuvo más suerte y sigue congregando a fieles, en su mayoría militares.

La iglesia de Bom Jesus da Coluna se construyó en el siglo XVII, en lo que era entonces la isla de Bom Jesus, que formaba parte de un pequeño archipiélago compuesto de ocho islas. A principios de los años 1950, terminaron el terraplén que unió todas las islas y lo extendieron hasta la isla de Fundão, sobre tres millones de metros cuadrados, para acoger la Universidad Federal de Río de Janeiro (UFRJ). Hoy alberga importantes centros de investigación tecnológica.

ESTATUA DEL GATO MARACAYÁ ⑲

Al final de la playa de Guanabara
Isla del Gobernador
• Bus: 634

El maracayá de Paranapuã

En la isla del Gobernador (Ilha do Governador), al final de la playa de Guanabara, una estatua de maracayá, término indio que designa a los gatos salvajes que existían en el siglo XVI, preside la Pedra da Onça (la roca del puma), que debe su nombre a la estatua por su gran parecido entre el gato maracayá y el puma. La roca también es conocida como la 'de los amores': se dice que está inspirada en la leyenda que originó la construcción de la escultura.

Todo empezó con una joven india temiminó (una tribu de la isla) que tenía un maracayá domesticado como animal de compañía. Todas las tardes, la joven iba con él a la playa y se zambullía en el agua saltando desde la roca, desde donde el gato salvaje la observaba. Un día, según la leyenda, se ahogó y el maracayá se quedó sobre la roca esperándola hasta su muerte. Como toda leyenda, no está confirmada, pero ha servido de inspiración a muchos habitantes de la zona: en los años 1920, decidieron construir un monumento para inmortalizar esta historia, símbolo de amistad, lealtad y esperanza. Fue entonces cuando el artista local Guttman Bicho diseñó y esculpió con mortero un maracayá, que fue instalado después en la roca redondeada más grande de todas, al final de la playa de Guanabara. Con el tiempo, la estatua se deterioró considerablemente por lo que, el 20 de enero de 1965, día de san Sebastián, patrón de la ciudad (ver p. 127), fue remplazada por la actual.

A pesar de la contaminación de las aguas de la bahía, el lugar donde se encuentra la estatua es magnífico: a un lado, una pequeña plaza revestida de madera y al otro, una pequeña playa, frecuentada por bañistas y pescadores. Las vistas también son preciosas: además de ver la bahía, a lo lejos se puede ver el pico del Dedo de Dios (pico do Dedo de Deus), en la sierra de Teresópolis.

ISLA DEL GATO

Mientras que los indígenas llamaron a este lugar "isla de Paranapuã" (que significa 'mar redondo'), los portugueses, hasta finales de los años 1560, la apodaron "isla del Gato", tal vez en referencia a los numerosos maracayás que vivían en ella. El nombre de "isla del Gobernador" solo surgió en 1567 después de que el gobernador general Mem de Sá donase a su sobrino Salvador Correa de Sá (que sería nombrado gobernador de la capitanía de Río de Janeiro en 1568) una gran parte del territorio de la isla.

¿DE DÓNDE VIENE EL NOMBRE DEL AEROPUERTO DE GALEÃO?

Otro gobernador, Salvador Correa de Sá e Benevides, mandó edificar en la isla un astillero donde en 1663 se construyó el galeón Padre Eterno, considerado en la época el barco más grande del mundo. Aquel lugar era conocido como la punta del Galeón (Galeão), que luego dio su nombre al aeropuerto internacional.

CEMENTERIO DE PÁJAROS

Rua Manoel de Macebo, isla de Paquetá
Salida de los barcos a Paquetá durante todo el día desde la Praça XV, en el centro de Río
• Consultar horarios y tarifas en:
www.grupoccr.com.br/barcas/linhas-horarios-tarifas

> *El único*
> *cementerio*
> *de pájaros que se*
> *conoce en el mundo*

En la tranquila Rua Manoel de Macedo, junto al cementerio de Paquetá, está el cementerio de pájaros, el único de este tipo en el mundo. No hay muchas sepulturas y todas son idénticas: es tradición que los propietarios de los pájaros comprueben el espacio que ofrecen las sepulturas (con el tiempo, los cuerpos se descomponen y son absorbidos por la tierra) y que ellos mismos entierren en ellas al animal que les hizo compañía en vida.

Hoy, con las leyes de protección de la vida salvaje, cada vez menos personas tienen animales salvajes en cautiverio, razón por la que se constata un descenso en la cantidad de "entierros". Pero desde que el artista local Pedro Bruno (1888-1949) lo creó, más allá de ser un cementerio, este lugar sereno y poblado de árboles es también una oda al amor por la naturaleza, como lo confirman los habitantes.

Además de las tumbas y de dos esculturas –*El pájaro abatido* y *El aterrizaje del pájaro cansado*–, un muro acoge cortos poemas de autores célebres o no. El cementerio también tiene sillas y mesas pequeñas que se usan constantemente en este lugar de encuentro para los habitantes del barrio.

EL PRIMER CLUB NUDISTA DEL PAÍS

Paquetá es la segunda isla más grande de la bahía de Río. También da su nombre a un archipiélago de dieciocho islas y *matações* (rocas redondas que parecen pequeños islotes). En los años 1950, la artista Luz del Fuego (1917-1967) creó el primer club nudista del país, en la isla del Sol.

¿CÓMO ESTAR SEGURO DE SU AMOR?

Paquetá y sus numerosos apodos, como la isla de los amores o la perla de Guanabra, han inspirado muchas leyendas románticas. Para estar seguro del amor de su pareja, hay que ir a la Pedra dos Namorados (roca de los enamorados), en la punta de la playa José Bonifácio, y lanzar, de espaldas, desde lo alto de la roca, tres piedras pequeñas, pensando en su pareja. Si al menos una se queda sobre la roca, significa que es amor correspondido. Y si lo que se quiere es encontrar el amor, solo hay que beber un trago de agua del pozo de São Roque para que alguien de la isla sucumba a nuestro encanto.

Desde 1967, Paquetá tiene diez árboles protegidos por decreto municipal, además de un baobab, unos almendros, unos mangos, unos tamarindos y unos árboles de jack.

LOS TÚNELES Y CUEVAS
DEL PARQUE DARKE DE MATTOS

㉑

Isla de Paquetá, al final de la playa José Bonifácio
• Abierto todos los días de 8 a 17 h
• Entrada gratuita
• Los barcos salen hacia Paquetá durante todo el día desde la Praça XV, en el centro de Río.
• Consultar horarios y tarifas en:
www.grupoccr.com.br/barcas/linhas-horarios-tarifas

*Vestigios
de la explotación
de caolín*

Al final de la playa José Bonifácio, en la espléndida isla de Paquetá, el parque Darke de Mattos ofrece a los visitantes unas magníficas vistas de la bahía, de los árboles centenarios y de las grutas y los túneles insólitos, vestigios de la explotación de caolín, un tipo de arcilla blanca que se usaba para fabricar porcelana. Aunque se trata de un parque del siglo XX, con césped y áreas de juegos para niños, también es un bonito ejemplo de jardín y de paisajismo románticos, un estilo muy en boga en el siglo XIX.

El parque tiene senderos que llevan hasta la cima de la pequeña colina de Cruz y conducen a un mirador. Generalmente, las cuevas están ocultas en estos caminos como resultado de las excavaciones realizadas para extraer arcilla. Sus formas varían: aunque algunas son bastante grandes y se puede entrar, son oscuras y no se recomienda aventurarse en ellas solo y sin luz.

Al final del parque, se puede apreciar desde el embarcadero de madera una bonita vista de la bahía, con la isla del Gobernador (Ilha do Governador) a lo lejos. Cerca, a un nivel ligeramente elevado, se encuentra el elemento posiblemente más sorprendente del jardín: un túnel corto excavado en la colina, que da acceso a una pequeña y bonita playa –a los niños les parece que están descubriendo una isla salvaje–. Se ven con frecuencia caballos en esta playa, situada detrás de las cuadras de los caballos de tiro de los tradicionales carros de Paquetá.

Antaño hubo una granja que prosperó en la zona y que cerró en 1747. Más tarde, los jesuitas se dedicaron a fabricar aquí porcelana con la arcilla que extraían de la colina y a finales del siglo XIX, una tejeduría ocupó los terrenos.

A principios del siglo XX el empresario Darke de Mattos compró las tierras y mandó construir una gran casa con piscina y un hangar para los hidroaviones que pilotaba. Hoy todo ha desaparecido. Su hija donó la propiedad a la prefectura que la ha transformado en parque.

El príncipe regente Joaquín VI visitaba a menudo Paquetá. La primera vez, a finales de 1808, fue fruto del azar: tras afrontar una fuerte tormenta, su barco encalló en una de las playas de la isla. A pesar de aquella llegada inesperada, recibió una cálida bienvenida. Joaquín VI volvió repetidas veces y en uno de sus viajes recibió como regalo un conjunto de porcelanas fabricadas con arcilla local.

ÍNDICE ALFABÉTICO

ÍNDICE ALFABÉTICO

Agradecimientos:
Serge Cajfinger, João Roberto Marinho, Roman Carel, Andrea Carel, Elaine de Souza Carrilho, Miro, Sergio, Susi Cantarino, Rodrigo Garcia, Pauline Dufresne, Thibaut Dufresne, Viviane Hentsch, Carmo Mineiro, Jovelino Mineiro, Marie-Laure Jousset, Hubert Jousset, Deborah Bertrand, Damien Bertrand, Corinne Tisserand, Didier Tisserand, Jérémy Leclerc, Marie Gervais, Sébastien Gervais, Marie Héger, Olivier Héger, Joaquim Monteiro, Jaqueline Sinesio, Alix de Ligne, Daniel Mello, Observatorio do Valongo, Charlotte Valade, Marcio Roiter, Romulo Fialdini, Milena Manfredini, Marc Pottier, Raquel Fernandes, Gabriela Carrera, Luiza Mello, Wilson Montenegro, Delphine Moulin, André Blas, Helio Brasil, Helena Cristina Duarte Cordeiro, Angela Cristina Duarte Souza, Major João Rogério de Souza Armada, Charles Siqueira, Genival André, Padre Enrico Arrigoni, Ricardo Cravo Albin, Vagner Machado, Cristiane Machado, Claudia Rose Ribeiro, José Queiroga, Mario Chagas, Rita Santos, Sidney Silva, Valquiria Cabral, Auricélia Mercês, Walter Priosti, Odalice Priosti, Fábio Lázaro, Rogéria Villete, Rosângela Mansur, Márcio Pinto de Oliveira, Tania Mara Araújo, Jorge Mario Jauregui, Magda Beatriz Vilela, José Lavrador, Helena Celestino, Marquinhos de Oswaldo Cruz, Vera Dias, Paulo Knauss, Frei Cassiano Gonçalves, Tenente Rodrigo Moura Visoni, Adriana Bandeira, Mario Carlos Lopes, Fabio Iglesias, Haendel Gomes, Heliton Barros, Nilcemar Nogueira, Desiree Reis, Dhaniel Cohen, Osvaldo Rezende, Luiz Eugenio Teixeira Leite, Federico Rodriguez, Claudia Guerra, Paulo Knauss, Luiz Williams, Joe Berardo, Pedro Aguilar, Janice Melhem Santos, Eliana Kruzicevic, Marcelo Conde, Carlos Fernando de Andrade, Ronald Pimentel, Aloysio Neves, Luiz Claudio Kastrup, José Carvalho.

Créditos fotográficos:
Thomas Jonglez: págs. 16, 18, 19, 20, 22, 24, 28, 31, 32, 34, 35, 39, 42, 44, 46, 52, 57, 63, 66, 67, 68, 70, 72, 74, 75, 77, 80, 81, 83, 84, 92, 94, 96, 97, 98, 99, 100, 101, 102, 103, 104, 105, 106, 107, 108, 110, 118, 119, 121, 122, 126, 128, 129, 130, 132, 134, 138, 140, 141, 144, 146, 150, 155, 157, 160, 162, 164, 166, 168, 172, 173, 176, 177, 192, 194, 198, 202, 204, 208, 210, 214, 216, 221, 222, 226, 228, 234, 240, 252, 253, 271, 272, 273, 276, 278, 280, 282, 283, 284, 285, 296, 298, 300, 303, 304,
Elsa Leydier: págs. 36, 48, 50, 86, 90, 114, 196, 232, 313, 314
Charlotte Valade: págs. 145, 153, 175, 178, 188, 275, 288, 290
Marcio Roiter: págs. 38, 45, 60, 61, 112, 116, 117, 182, 184, 185, 190
Romulo Fialdini: págs. 40, 41.
Jean-François Rauzier: pág. 65
Vitorhugobr: pág. 149
Daniel Fuchs: pág. 137
Jean-Marc Joseph: pág. 158
Centro Educacional Anisio Teixeira: pág. 161
Museu H.Stern: pág. 224
Ivo Korytowski: págs. 257, 274, 275
Marisa Mello / Museu de Imagens do Inconsciente: pág. 294
Pedro Menezes: pág. 230
DR: págs. 238, 239, 241, 242, 243, 244, 245, 247, 248, 249, 250, 281
Museu Bumba Meu Boi: pág. 259
Halley Pacheco de Oliveira: pág. 308
Londondailyphoto: pág. 287
Gabi Carrera: págs. 306, 307
VMA: pág. 311
André Blas: pág. 255

Cuadro de la portada: Charles Landseer, *Vista do Pão de Açúcar tomada da Estrada do Silvestre*, 1827

Cartografía: **Cyrille Suss** - Diseño: **Roland Deloi** - Maquetación: **Stéphanie Benoit** - Traducción: **Patricia Peyrelongue** - Corrección de estilo: **Milka Kiatipoff**

© JONGLEZ 2016
Depósito legal: Julio 2016 – Edición: 01
ISBN: 978-2-36195-145-0
Impreso en Bulgaria por Multiprint